Doris Preißler

UNNÜTZES Weihnachts WISSEN

Doris Preißler

UNNÜTZES Weihnachts WISSEN

Vom Erfinder des Christkinds zum beliebtesten Weihnachtslied

riva

Bibliografische Information der Deutschen Nationalbibliothek
Die Deutsche Nationalbibliothek verzeichnet diese Publikation in der Deutschen Nationalbibliografie. Detaillierte bibliografische Daten sind im Internet über http://dnb.d-nb.de abrufbar.

Für Fragen und Anregungen
info@rivaverlag.de

Originalausgabe
1. Auflage 2020
© 2020 by riva Verlag, ein Imprint der Münchner Verlagsgruppe GmbH
Türkenstraße 89
80799 München
Tel.: 089 651285-0
Fax: 089 652096

Redaktion: Silke Panten, Berlin
Umschlaggestaltung: Pamela Machleidt, München
Umschlagabbildung: shutterstock/LenLis (ebenso Abbildungen im Innenteil)
Layout: Carsten Klein, Torgau
Satz: Carsten Klein, Torgau
Druck: CPI books GmbH, Leck
Printed in Germany

ISBN Print 978-3-7423-1528-1
ISBN E-Book (PDF) 978-3-7453-1197-6
ISBN E-Book (EPUB, Mobi) 978-3-7453-1198-3

Weitere Informationen zum Verlag finden Sie unter

www.rivaverlag.de

Beachten Sie auch unsere weiteren Verlage unter www.m-vg.de

Inhalt

Frohe Weihnachten!

Wer legt am Heiligen Abend bei Ihnen die Geschenke unter den Baum? Spielen Sie im Team Christkind oder Team Weihnachtsmann? Das ist die Frage aller Fragen. Und dann gibt es ja noch den Nikolaus. Ob Weihnachtsmann, Christkind oder Nikolaus – sie alle haben zumindest eine Mission, denn neben den materiellen Dingen, die unter Bäume oder in Stiefel wandern, versuchen sie auch, ganz viel Liebe in die Herzen der Beschenkten fließen zu lassen.

Weihnachten ist aber nicht nur das Fest der Liebe. An diesem Tag liegen bei allen die Nerven blank – bei Eltern, die für ihre Kinder den perfekten Abend zaubern wollen. Bei Kindern, die aufgeregt sind und auf die Geschenke warten. Bei der gesamten Familie, die anreist. Bei einem selbst, wenn man derjenige ist, der die Reise zu den Verwandten auf sich nimmt. Man schlägt sich über die Feiertage den Magen voll, bewegt sich kaum und heikle Situationen sind vorprogrammiert.

Und genau jetzt kommt dieses Buch ins Spiel: Es will die ganze Situation etwas auflockern. Denn dieses Büchlein klärt auf und bevor wieder die sensiblen Themen auf den Tisch kommen, verblüffen Sie Ihre Familie oder Freunde doch mit Besserwisser-Fakten zu Weihnachten. Oder glänzen Sie mit Weihnachtswissen vor dem Chef und den Kollegen auf der Weihnachtsfeier. Beeindrucken Sie auf dem Weihnachtsmarkt Ihren Schwarm. Und für alle, die ein Geschenk zu Weihnachten brauchen, ist dieses Buch ebenfalls perfekt.

Weihnachtliches Deutschland

Wir haben gefühlt noch Sommer, aber trotzdem stehen sie schon im Supermarkt – Schokonikoläuse, Spekulatius, Magenbrot, Stollen und Lebkuchen. Kurz danach wird auch schon wieder Wham! im Radio gespielt. Spotify launcht seine Weihnachts-Playlists auch immer früher. Allerdings richtet sich der Streaming-Dienst hierbei lediglich nach dem Verhalten der Nutzer. Kurzum: Wir Deutschen scheinen Weihnachten zumindest sowohl kulinarisch als auch musikalisch zu lieben. Beleuchten wir das Weihnachtsfest in Deutschland einmal genauer.

Etwa neun Milliarden Lämpchen glühen hierzulande als Weihnachtsbeleuchtung – also als Dekoration in Geschäften, an öffentlichen Weihnachtsbäumen oder bei Ihnen zu Hause. Noch mal als Ziffer: 9 000 000 000 Lämpchen!

Der Alkoholkonsum um die Weihnachtszeit steigt um rund 36 Prozent. Und das liegt wohl nicht allein am Glühwein auf dem Weihnachtsmarkt.

Jedes Jahr fangen circa 15000 Adventskränze und Christbäume Feuer, schätzt der Bundesverband Deutscher Versicherungskaufleute. Zum Glück haben wir die Rauchmelderpflicht in Deutschland.

Im Winter, wenn es kalt wird, werden statistisch gesehen die meisten Kinder gezeugt.

---

120 Millionen Weihnachtskarten werden jährlich verkauft. Das hört sich jetzt nach einer riesigen Anzahl im Zeitalter von Facebook und E-Mail und E-Cards an. Trotzdem werden Firmenweihnachtskarten und private Karten gerne noch verschickt.

Im Jahr 2019 produzierten die deutschen Süßwarenhersteller 151 Millionen Schokoweihnachtsmänner. Das entspricht fast der Einwohnerzahl von Bangladesch, das sich an achter Stelle der Liste der Landesbevölkerungen befindet (165 Millionen Einwohner, Stand: 2017).

Laut einer Umfrage des Magazins *Stern* haben ganze 10 Prozent der Bundesbürger keine Ahnung, warum Weihnachten überhaupt gefeiert wird.

Allein am Nikolaustag werden rund 860 Millionen Euro für Geschenke ausgegeben. Im gesamten Weihnachtgeschäft sind es mehr als 100 Milliarden Euro Umsatz. 40 Prozent der Bundesbürger kaufen die Weihnachtsgeschenke erst wenige Tage vor Weihnachten. Der 23. Dezember ist tatsächlich der umsatzstärkste Tag des Jahres.

Weihnachtssüßigkeiten werden immer beliebter. 2018 setzte der Einzelhandel rund 98,3 Millionen Euro mit Adventskalendern um. Am begehrtesten ist hier der Adventskalender mit Schokoladenfüllung.

Seit 1998 ist Jesus in Deutschland als Vorname erlaubt. Rund 390 Menschen tragen diesen Namen.

Es ist schon etwas her, aber 2001 haben laut einer Umfrage des IfD-Allensbach ganze 94 Prozent der Bevölkerung Weihnachten gefeiert.

Hierbei wurde kein Unterschied zwischen West und Ost festgestellt. 83 Prozent feierten mit der Familie, 15 Prozent mit Verwandten und nur 3 Prozent feierten allein.

Nur 23 Prozent der Bürger hatten 2019 vor, in einen Weihnachtsgottesdienst zu gehen. Wie viele es dann tatsächlich waren, unterliegt dem Schweigegelübde.

Die Hamburger waren Vorreiter: Mitte des 19. Jahrhunderts gab es in einem Hamburger Jugendheim von Johann Hinrich Wichern den wohl ersten Adventskranz – damals allerdings mit mehreren Kerzen. Der Brauch verbreitete sich schnell im protestantischen Norddeutschland. Im katholischen Süden wurde er erst später heimisch.

Die Adventskalender gibt es ähnlich lang: Seit etwa 1850 existieren so genannte Adventszeitmesser in Form von Abrisskalendern. Der erste gedruckte, noch fensterlose Adventskalender geht Anfang des 20. Jahrhunderts auf den Münchner Verleger Gerhard Lang zurück. Erst um 1920 erschienen die ersten Kalender mit Türchen zum Öffnen – allerdings noch ohne Schokolade. Der erste mit Schokolade gefüllte Adventskalender wurde erst 1958 in den Handel gebracht.

Der 24. Dezember ist nicht nur der Weihnachtstag, sondern auch der Namenstag von Adam und Eva.

2008 wurde X-Mas vom Verein Deutsche Sprache (VDS) zum überflüssigsten und nervigsten Wort des Jahres gewählt. Dabei ist es gar nicht so amerikanisch, wie viele vielleicht denken. Das X ist der erste Buchstabe des griechischen Wortes für Christus (ΧΡΙΣΤΟΣ) und wird auch als seine Abkürzung benutzt. –Mas(s) dagegen kommt aus dem Englischen und steht für das Wort Messe. Zusammengesetzt heißt es dann also doch ganz banal: Christmesse.

In Deutschland können Häftlinge, die planmäßig im Januar entlassen werden würden, einen Antrag auf eine sogenannte Weihnachtsamnesie stellen. Wird dieser Antrag bewilligt, wird der Häftling schon zu den Feiertagen entlassen, um das Fest mit seiner Familie feiern zu können.

12,65 Meter hoch ist der größte Schneemann Deutschlands. Er wurde im Februar 2015 in Bischofsgrün gebaut. Der Umfang des Schneemanns beträgt 29,80 Meter und er trägt den Namen Jakob.

Apropos: Der kleinste Schneemann der Welt dagegen hat einen Durchmesser von gerade einmal 0,01 Millimeter. Im Vergleich dazu ist das in etwa ein Fünftel eines menschlichen Haars. Der Schneemann besteht jedoch nicht aus Schnee, sondern aus winzig kleinen Zinntropfen. Seine Augen und der Mund bestehen aus Platin. Gebaut wurde der Schneemann von Wissenschaftlern des Nationalen Labors für Physik in London.

Wussten Sie, dass es »weihnachtsmannfreie Zonen« gibt? Seit 2002 macht das Bonifatiuswerk der deutschen Katholiken auf den heiligen Nikolaus aufmerksam. Am 6. Dezember kommt daher der heilige Bischof von Myra und nicht der Weihnachtsmann.

Die kleinen, aber feinen regionalen Unterschiede in Deutschland

Es gibt durchaus regionale Unterschiede, was deutsche Traditionen zur Weihnachtszeit angeht. Und manchmal sind es nur ganz kleine Details. Das fängt beim Weihnachtsmann und Christkind an und geht bis hin zu ganz individuellen Riten in kleinen Regionen. Manche sollten wir vielleicht etwas publik machen, weil sie wirklich schön sind.

2015 kamen die meisten Google-Suchanfragen zum Stichwort »Weihnachten« aus Thüringen – die wenigsten dagegen aus Hessen.

Bis ins 20. Jahrhundert hinein hingen die Bäume in vielen Wohnzimmern von der Decke. Das war vor allem in Ostdeutschland der Fall und man wollte so Platz sparen. Wahrscheinlich war es aber auch einfacher, da es noch keine hochkomplizierten Christbaumständer gab. Positiver Nebeneffekt: Die Diskussion, ob der Baum gerade steht, konnte so auch nicht zu Streit führen.

Statistisch gesehen liegt die Wahrscheinlichkeit für weiße Weihnachten in München bei 30 Prozent. Tatsächlich freuen sich die Münchener alle drei bis vier Jahre über Schnee an Weihnachten.

Der Weihnachtsmann kommt im Norden und Osten der Bundesrepublik, während das Christkind im Westen und Süden inklusive des katholischen Gebiets im westlichen Niedersachsen für die strahlenden Kinderaugen zuständig ist.

Die »Mannl« vom »Buden« holt man im Erzgebirge. Es werden mit den Kindern die handgemachten Holzfiguren wie Engel, Räuchermännchen und Nussknacker vom Dachboden geholt. Dazu kommen noch die Schwibbögen ins Fenster. (Das sind die Lichterbögen, die die Orte im Erzgebirge ein ganzes Stück heller machen.) In früheren Zeiten zeigten die Schwibbögen den Bergleuten den sicheren Weg zurück nach Hause.

Auf einigen Weihnachtsmärkten der neuen Bundesländer sind das Stollenanschneiden durch den Bürgermeister und das Pyramidenanschieben, also das gemeinsame In-Schwung-Bringen der Pyramide, feste Termine.

Vom Bergbau ist in Deutschland nur noch wenig übrig, in Sachsen versucht man aber, zumindest die Erinnerung hochzuhalten. In den ehemaligen Bergbau-Hochburgen im Erzgebirge ziehen zur Weihnachtszeit »Bergmänner« in traditioneller Kleidung durch die Straße. Früher wurde damit Landesherren und anderen besonderen Gästen eine Ehre erwiesen. Heute sind die Umzüge von der deutschen Unesco-Kommission als »Immaterielles Kulturerbe« anerkannt und häufig ein Programmpunkt auf den Weihnachtsmärkten.

Höhepunkt der erzgebirgischen Weihnacht ist das traditionelle Festessen »Neinerlaa«, das traditionelle Heiligabendgericht der Bergmannsfamilien. Das »Neunerlei« besteht nach allgemeinem Brauch aus meist neun verschiedenen Speisen.

Hauptsächlich in einigen Gegenden Oberbayerns geht es vor Weihnachten schaurig zu. Zur Wintersonnenwende sind die Nächte am längsten – nach altem Glauben ist dies dementsprechend die beste Jahreszeit für böse Geister. Um diese zu vertreiben, setzen die Perchten- oder auch Krampusläufer gruselige Masken auf und ziehen lärmend durch die Straßen.

Bärbeletreiben findet am 4. Dezember, dem Namenstag der heiligen Barbara, traditionell im Oberallgäu statt. Unverheiratete junge Frauen und Mädchen ziehen mit Masken und Besen durch die Straßen. Oft tragen sie dabei alte Schürzen und Kopftücher ihrer Großmütter oder Urgroßmütter. Durch den geräuschvollen Umzug vertreiben die Frauen die Geister und Dämonen der dunklen Jahreszeit. Zwei Tage später sind dann beim Klausentreiben die ledigen Männer und die Buben dran. Verkleidet und vermummt mit Fellen, Hörnern und Ketten oder Glocken ziehen sie mit großem Radau durch den Ort und schlagen symbolisch die Schaulustigen am Straßenrand. Auch sie sollen die bösen Geister des Winters in die Flucht schlagen.

Das Weihnachtsschießen oder auch Christkindl-Anschießen ist ein oberbayerischer Brauch. In Berchtesgaden, am Chiemsee und am Königssee wird er nach wie vor gepflegt. Am Nachmittag des Heiligen Abends versammeln sich Böllerschützen am Marktplatz und schießen Weihnachten ein.

In Bayern beginnen die Raunächte, ein uraltes weihnachtliches Ritual in der Alpenregion, am 25. Dezember und gehen bis zum 6. Januar. In diesen zwölf Nächten »zwischen den Jahren« werden das Haus und der Stall einer Reinigungsräucherung unterzogen. In manchen alpinen Gegenden ist der Glaube verbreitet, dass in den Raunächten die Tiere im Stall spre-

chen und von der Zukunft berichten. Dies wird allerdings kein Mensch jemals hören können, da man in diesem Falle umgehend sterben würde. Auch gelten die Raunächte in bestimmten Regionen als gefährlich, sodass sie in früherer Zeit nur mit Beten und Fasten begangen wurden.

In einigen Bauernkalendern galten die zwölf Tage zwischen den Jahren dagegen als »Lostage«. Diese Tage sollen Ereignisse im kommenden Jahr anzeigen. Jeder Tag steht dabei für einen Monat des folgenden Jahres. Scheint an einem dieser Tage die Sonne, dann bedeutet dies gutes Wetter und Glück für den entsprechenden Monat. Noch heute soll es in einigen ländlichen Gebieten Europas Bauern geben, die sich deshalb das Wetter in dieser Zeit genau aufzeichnen.

Sonnenschein bedeutet Folgendes:

1. Lostag (26.12.): Es wird ein glückliches, neues Jahr werden.
2. Lostag (27.12.): Preiserhöhungen stehen an.
3. Lostag (28.12.): Streitigkeiten kommen auf.
4. Lostag (29.12.): Fieberträume werden plagen.
5. Lostag (30.12.): Es wird eine gute Obsternte.
6. Lostag (31.12.): Auch alle anderen Früchte gedeihen prächtig.
7. Lostag (1.1.): Die Viehweiden tragen saftige Kräuter.
8. Lostag (2.1.): Fische und Vögel sind zahlreich.

9. Lostag (3.1.): Gute Kaufmannsgeschäfte stehen ins Haus.
10. Lostag (4.1.): Unwetter kommen.
11. Lostag (5.1.): Nebeltage treten vermehrt auf.
12. Lostag (6.1.): Zwist und Hader kommen auf.

Insgesamt gibt es übrigens 84 Lostage im Jahr. Bekannte Lostage sind: Eisheilige (11. bis 15. Mai), Schafskälte (10. bis 12. Juni), Johannistag (24. Juni), Siebenschläfertag (27. Juni), Hundstage (23. Juli bis 23. August), Maria Himmelfahrt (15. August).

Wissenschaftlich gesehen sind Lostage nicht belegt. Am Siebenschläfertag beispielsweise liegt statistisch gesehen die Wahrscheinlichkeit zwischen 50 und 70 Prozent, dass das Wetter, das an diesem Tag vorherrscht, auch die nächsten Wochen anhält.

Im schwäbischen Raum gibt es das »Christbaumloben«. Hier werden die Christbäume der Freunde und Nachbarn begutachtet und für ein Lob bekommt man einen Schnaps. Das Christbaumloben beginnt am ersten oder zweiten Weihnachtstag und kann bis zum 6. Januar praktiziert werden.

Vor allem im Rheinland bekannt ist das »Strohhalmlegen« oder auch »Krippefüllen« zur Adventszeit. Eine leere Krippe wird im Haus aufgestellt und Kinder bekommen für gute Taten wie etwa Hilfe im Haushalt oder gute Schulnoten jeweils einen Strohhalm. Den dürfen sie dann in die Krippe legen, damit der frisch geborene Jesus an Weihnachten nicht darin friert.

Zwischen den Jahren ist in einigen Regionen das »Pfeffern« Tradition. Dabei geht es allerdings nicht ums Würzen von Speisen. Stattdessen laufen Kinder mit Zweigen und Weidenruten durch die Straßen und schlagen den Mitmenschen spielerisch auf die Beine. Dafür bekommen sie Kekse und andere Süßigkeiten. In der langen Geschichte des Brauchs gab es unvermeidlich auch übermotivierte Pfefferer, sodass er zwischenzeitlich mal verboten war. Heutzutage ist diese Tradition vor allem in Franken anzutreffen.

Der folgende in der Oberpfalz und gelegentlich auch im Rheinland übliche Brauch (auch als »Wandermuttergottes« oder »Frauentragen« bekannt) orientiert sich direkt an der Weihnachtsgeschichte. In katholischen Gemeinden können die Bewohner in der Adventszeit ihr Haus der Jungfrau Maria öffnen. Ein Marienbildnis wird am ersten Advent gesegnet und nach dem Gottesdienst aus der Kirche getragen. Danach wird Maria Tag für Tag an eine Familie weitergegeben, die

ihr Unterkunft für eine Nacht gewährt. An Heiligabend kehrt das Bildnis pünktlich zum Weihnachtsgottesdienst wieder in die Kirche zurück.

Noch ein kleiner historischer Abstecher in die ehemalige DDR: Die DDR-Führung tat sich bekanntlich schwer mit Heiligabend und Weihnachten. Christliche Festivitäten passten nicht so recht in den atheistischen Arbeiter- und Bauernstaat. So versuchte die SED das Familienfest umzudeuten in ein »Fest des Friedens« oder kürzer in »das Fest« oder auch das »Jahresabschlussfest«.

Teilweise gab es absurde Wortneuschöpfungen wie die »Jahresendflügelpuppe« oder »geflügelte Jahresendfigur«, »Jahresendfigur« und »Jahresendflügelwesen« für eine Engelsfigur. Angeblich waren das offizielle Begriffe in der DDR für Engel gewesen; Belege, woher sie stammen, gibt es nicht. Auch gibt es keinen Beleg für eine staatliche Verwendung des doch sehr krampfhaft wirkenden atheistischen Begriffs.

Adventskalender durften bis Anfang der 1970er-Jahre nicht so genannt werden. Auf Rechnungen und Bestellungen erschien stattdessen der Begriff »vorweihnachtliche Kalender«. Christliche Motive durften bis 1973 gar nicht darauf gedruckt werden. Dann erhielt erstmals ein

Verlag in der Lausitz die Erlaubnis, das Christkind und die Heiligen Drei Könige darzustellen. Es gab aber auch sozialistische Varianten, etwa einen Adventskalender, auf dem junge Pioniere zu sehen waren.

Für die sozialistische Planwirtschaft ergaben sich aber auch ganz praktische Probleme. Der Dresdner Christstollen war im Arbeiter- und Bauernstaat ein Hit. Doch einige Zutaten wie Mandeln, Korinthen und Orangeat gab es einfach nicht im Inland. Diese Zutaten mussten aus dem kapitalistischen Ausland importiert werden. Für den DDR-Wirtschaftsfunktionär Alexander Schalck-Golodkowski war das eine unhaltbare Situation. Er empfahl ein sogenanntes »Stollenschenkverbot«. Die simple Logik: Gibt es keine Stollen, brauchen wir auch keine Devisen für Material ausgeben. Durchgesetzt hat sich diese Idee nicht.

Der ehemalige Reichsbahnbunker in der Friedrichstraße in Berlin diente nach 1945 zunächst als Textillager, ab 1957 war er der zentrale Lagerraum der DDR für Trocken- und Südfrüchte aus Kuba. Betrieben vom »Volkseigenen Betrieb Obst Gemüse Speisekartoffeln« wurde das Gebäude im Volksmund schnell der »Bananenbunker« genannt. In der Weihnachtszeit landeten dort auch die Westimporte. So wurde er in dieser Jahreszeit zum »Weihnachtsbunker«.

Machen wir noch einen weiteren kleinen besonderen Abstecher: zum Weihnukka. Weihnukka ist ein zusammengesetztes Wort aus Weihnachten und dem jüdischen Chanukka. Weihnukka entstand in Deutschland zunächst innerhalb des gutbürgerlichen Judentums des 19. Jahrhunderts. Nach dem Zweiten Weltkrieg wurde Weihnukka aber besonders in den Vereinigten Staaten beliebt. Es ist ein Mix der Traditionen. Das klassische christliche Weihnachten mit Weihnachtsbaum, Geschenken und Weihnachtsessen wurde mehr als eine deutsche denn eine christliche Tradition wahrgenommen. Die zeitliche Nähe des Beginns des Chanukkafestes am 25. Kislew (Ende November/Dezember) zum Weihnachtsfest sowie die Übernahme verschiedener Traditionen wie eines geschmückten Baums oder von Geschenken führten zu einer Vermischung von Traditionen. Besonders moderne oder gemischte jüdische Familien übernahmen Elemente des weihnachtlichen Brauchtums in das Chanukkafest. So wurden seit dem 19. Jahrhundert Chanukkageschenke oder Chanukkageld üblich.

Ohne Glühwein kann Weihnachten nicht starten – Deutschlands und Europas Weihnachtsmärkte

Es ist wieder so weit. Die Zeitumstellung haben wir hinter uns, es wird wieder früher dunkel, die Straßen werden erleuchtet und draußen wird es kälter. In der Luft liegen Glühwein- und Lebkuchengeruch, überall leuchtet es und man schlendert mit Freunden oder der Familie durch die kleinen Gässchen, um ein passendes Weihnachtsgeschenk zu finden und zu essen. Ob Weihnachtsmärkte nun eher zum besinnlichen Gefühl beitragen oder einen Stressball im Bauch verursachen, ist Geschmackssache. Aber hier folgt eine kleine Auswahl an Weihnachtsmärkten sortiert nach Bundesländern. (Natürlich gibt es sehr viel mehr Weihnachtsmärkte, als im Folgenden aufgeführt werden.)

Baden-Württemberg

Stuttgarter Weihnachtsmarkt: Dies ist einer der ältesten Weihnachtsmärkte in Europa. Es gibt auch einen Antikmarkt und eine »lebendige Krippe« mit echten Tieren.
Adresse: Stuttgarter Innenstadt in der Nähe des Hauptbahnhofes

---

Mittelalterweihnachtsmarkt in Esslingen: In Esslingen wird der jährliche Weihnachtsmarkt mit dem Mittelaltermarkt verbunden. Besonders schön ist der Fackelzug hoch zur Burg. Außerdem findet man in allen Gassen Feuerkünstler, die ihre Fackeln in die Luft werfen.
Adresse: Rathausplatz, 73728 Esslingen am Neckar

Bergwerksweihnachtsmarkt in Neubulach: Der Weihnachtsmarkt liegt mitten im Wald und – wie der Name suggeriert – tatsächlich im Bergwerk. Auf dem mit Lichterketten behängten Weg runter zum Bergwerk kann man der Weihnachtsgeschichte folgen. Der Weihnachtsmarkt hat nur an einem Wochenende im Jahr auf.
Adresse: Stollengemeinschaft der historischen Bergwerke Neubulach, 75387 Neubulach/Ziegelbach

---

Barock-Weihnachtsmarkt in Ludwigsburg: Die Buden sind ganz nach dem Vorbild Barocker Gartenanlagen angeordnet. Über dem Markt schweben imposante Engel, die ihre glitzernden Flügel über den Weihnachtsmarkt ausbreiten.
Adresse: Marktplatz, 71634 Ludwigsburg

Weihnachtsmarkt in der Ravennaschlucht bei Hinterzarten: Unter den 40 Meter hohen Viaduktbögen der Höllentalbahn befinden sich die Buden der Aussteller. Wer es noch stimmungsvoller möchte, kann vorab an einer Fackelwanderung von Hinterzarten zur Ravennaschlucht teilnehmen. Geöffnet ist der Weihnachtsmarkt nur Freitag bis Sonntag an den vier Adventswochenenden; und er kostet Eintritt. Eintrittskarten sind 2020 ausschließlich online erhältlich.
Parkplatz-Adresse: Höllsteig 76, 79874 Breitnau/Hinterzarten

Weihnachtsmarkt im Freilichtmuseum Vogtsbauernhof in Gutach: Der Weihnachtsmarkt findet vor der Kulisse der sechs Schwarzwaldhöfe aus dem 16. bis 18. Jahrhundert statt. Geheimtipp: der Schwarzwälder Kirschstollen – eine badische Spezialität und der kleine Bruder der Schwarzwälder Kirschtorte. Der Weihnachtsmarkt findet nur am dritten Adventswochenende statt.
Adresse: Schwarzwälder Freilichtmuseum Vogtsbauernhof, 77793 Gutach (Schwarzwaldbahn)

Königlicher Weihnachtsmarkt auf der Burg Hohenzollern, Hechingen: Als einer der schönsten Weihnachtsmärkte Deutschlands hat sich der Königliche Weihnachtsmarkt auf der Burg Hohenzollern etabliert. Der Markt findet am ersten und zweiten Adventswochenende statt und kostet Eintritt.
Adresse: Burg Hohenzollern bei Hechingen

Bayern

Christkindlmarkt am Marienplatz in München: Dieser ist einer der größten und ältesten Christkindlmärkte. Er ist rund 20 000 Quadratmeter groß und erstreckt sich rundherum und über den gesamten Marienplatz. Der große Christbaum vor dem neuen Rathaus ist mit 2500 Kerzen geschmückt und das Herzstück des Marktes.
Adresse: Marienplatz 1, 80331 München

Nürnberger Christkindlesmarkt: Er liegt mitten in der Altstadt und ist nicht grundlos berühmt für seine Lebkuchen. Aber auch seine Nürnberger Würstchen sind seit über 700 Jahren eine Tradition. Highlight ist der Besuch des Christkindes. Immer von Dienstag bis Freitag um 15 Uhr kann man ein Foto mit dem Christkind machen und auch den eigenen Wunschzettel abgeben.
Adresse: Hauptmarkt, 90403 Nürnberg

Christkindlmarkt auf der Fraueninsel im Chiemsee: Ein ganz besonderer Weihnachtsmarkt ist der Christkindlmarkt auf der Fraueninsel im Chiemsee. Der Markt ist nur per Boot zu erreichen, was ein besonderes Erlebnis ist. In den rund 90 Buden findet man feinstes Kunsthandwerk, Geschenkinspirationen und natürlich allerlei Leckerbissen. Geöffnet hat der Inselchristkindlmarkt nur an den ersten beiden Adventswochenenden.
Adresse: Fraueninsel, 83256 Chiemsee

Hafen-Weihnachtsmarkt Lindau am Bodensee: Der Weihnachtsmarkt liegt direkt am Ufer des Bodensees. Ein Highlight ist der Märchenwald. Und wem der Weihnachtsmarkt nicht reicht, der kann das Weihnachtsschiff *MS Austria* besteigen. Dieses verbindet unter dem Titel »3 Märkte, 2 Länder, 1 See« die Lindauer Hafenweihnacht mit der Nachbarstadt Bregenz, wo zwei weitere Weihnachtsmärkte darauf warten, entdeckt zu werden.
Adresse: direkt an der Hafenpromenade von Lindau, 2 Fußminuten vom Bahnhof

---

Granitweihnacht in Hauzenberg im Bayerischen Wald: Ein Weihnachtsmarkt im Steinbruch. Der Stoabruch ist ein ehemaliger Steinbruch, der in der Adventszeit als Weihnachtsmarktkulisse dient. Besonderes Highlight: Der als lebendige Krippe gestaltete Strei-

chelzoo sowie das Kino an der Felswand. Der Weihnachtsmarkt kostet Eintritt.

Adresse: Stoabruch in Hauzenberg, Parkplatz im Bürgerpark, von dort aus gibt es einen Shuttleservice

---

Deutsch-Amerikanischer Weihnachtsmarkt in der Westernstadt in Eging am See: Ein Weihnachtsmarkt in Westernkulisse mit Lichtertunnel und vielen Buden mit allerlei Handwerkswaren. Er kostet Eintritt.

Adresse: Erlebnispark Pullman City in Eging am See

Berlin

Schloss Charlottenburg: Dieser Weihnachtsmarkt gilt als einer der schönsten in Deutschland, und zwar nachweislich. Er wird seit 2008 immer wieder zum beliebtesten Weihnachtsmarkt gewählt. Die prachtvolle Kulisse des Schlosses wird mit aufwendigen Lichtilluminationen angeleuchtet.

Adresse: Schloss Charlottenburg, 14059 Berlin

Weihnachtszauber am Gendarmenmarkt: In einem großen Kunsthand-
werkerzelt kann man Handwerkern beim Herstellen ihrer Produkte zusehen. Zudem kann man verschiedene Ausstellungen von Fotografen,
Holzbildhauern und Malern besuchen. Für Entertainment sorgen Feuerkünstler, Chöre, Tanzgruppen und Akrobaten. 1 Euro Eintrittsgeld muss
gezahlt werden.
Adresse: Gendarmenmarkt, 10117 Berlin

Brandenburg

Sinterklaas-Fest in Potsdam: Dieser Weihnachtsmarkt findet im hollän-
dischen Viertel in Potsdam statt. Hier bekommt man keine Mandeln und
Lebkuchen, sondern Matjes und Kniepertjes.
Adresse: Holländisches Viertel, Mittelstraße, 14467 Potsdam

Weihnachtsmarkt der 1000 Sterne in Cottbus: Der Name ist hier Programm: Nicht nur der Weihnachtsbaum ist mit rot-weißen Herrnhuter
Sternen geschmückt, sondern auch die Schaufenster der Einkaufszentren leuchten mit 1000 Sternen um die Wette. Im Herzen des Marktes
steht die 10 Meter große Weihnachtspyramide mit regionaltypischen
Figuren wie Fischer, Glasbläser und Bergmann.
Adresse: Cottbuser Innenstadt, 03046 Cottbus

Weihnachtsmarkt wie vor 150 Jahren im Spreewälder Freilandmuseum in Lehde: In der Adventszeit kann man hier beobachten, wie die Weihnachtsvorbereitungen vor 150 Jahren ausgesehen haben. Der Weihnachtsmarkt kostet Eintritt.

Adresse: Freilandmuseum in Lehde und Großer Hafen in Lübbenau, Parkplätze in Lübbenau

———

Bremen

Schlachte-Zauber in Bremen: Der Weihnachtsmarkt ist entlang der Schlachte Weserpromenade. Sogar die Schiffe sind weihnachtlich mit Lichterketten geschmückt.

Adresse: Erste Schlachtpforte, 28195 Bremen

———

Weihnachtsmarkt Schloss Liebenberg im Löwenberger Land: Jeden Abend gibt es einen Auftritt des Weihnachtsengels und der Turmbläser. Der Markt kostet Einritt. 2020 pausiert der Weihnachtsmarkt.

Adresse: Schloss & Gut Liebenberg, Parkweg 1a, 16775 Löwenberger Land, OT Liebenberg

———

31

Hamburg

Weißer Zauber in Hamburg: Ein Weihnachtsmarkt mit wunderschönem Panoramablick auf die Alster mit funkelnden Lichtern. Statt klassischen Buden stehen hier Pagodenzelte.
Adresse: Jungfernstieg, 22767 Hamburg

Hessen

Weihnachtsmarkt am Römer in Frankfurt: Weihnachtsmarkt in toller Kulisse vor dem Rathaus am Römerberg, in der neuen Altstadt und dem Paulsplatz. Dazu kommt das Stadtgeläut: Hier läuten 50 Glocken aus 10 Kirchen. Außerdem gibt es dreimal täglich ein Glockenspiel aus der Nikolaikirche am Römerberg.
Adresse: Römerberg, 60311 Frankfurt am Main

Internationaler Weihnachtsmarkt in Darmstadt: Da er international ist, sind die Stände der Partnerstädte aufgebaut. Hier gibt es zum Beispiel Kunsthandwerk aus Lettland, kulinarische Spezialitäten aus Ungarn und Wein und Käse aus der Schweiz.
Adresse: Marktplatz 1, 64283 Darmstadt

Sternschnuppenmarkt in Wiesbaden: Das Aufstellen des Baumes muss man gesehen haben. Er wird feierlich von der Weihnachtsbaumkönigin eingeweiht und sobald er steht, wird er mit 30.000 LED-Glühbirnen geschmückt.
Adresse: Schloßplatz, 65183 Wiesbaden

Mecklenburg-Vorpommern

Weihnachtsmarkt in der Hafenstadt Wismar: hier kommt der Weihnachtsmann mit dem Schiff zum Markt. Auch ist die Seemannsweihnacht am dritten Advent sehenswert. Hier wird ein maritimer Weihnachtsmarkt am Hafen aufgebaut und die weihnachtlich geschmückten Schiffe laden zur letzten Seefahrt im Jahr ein.
Adresse: Am Markt, 23966 Wismar

Weihnachtsmarkt in Rostock: Zu seinen Attraktionen gehört das 34 Meter hohe Riesenrad und ein Märchenwald. Wer es noch stimmungsvoller mag, geht weiter auf den Historischen Weihnachtsmarkt im Klostergarten.
Adresse: Kröpeliner Tor, Stadthafen, Lange Straße, Klostergarten und Neuer Markt, 18055 Rostock

---

Weihnachtsmarkt in Schwerin: Der Schweriner Weihnachtsmarkt steht unter dem Motto »Der Stern im Norden«.
Adresse: Marktplatz, 19053 Schwerin

Niedersachsen

Weihnachtsmarkt am Rathaus in Lüneburg: Ein Trompeter spielt jeden Tag um 17 Uhr weihnachtliche Lieder vom Balkon des historischen Rathauses für alle Besucher.
Adresse: Marktplatz, 21335 Lüneburg

Familien-Weihnachtsmarkt in Hannover: Etwa 130 Buden bieten verschiedenes Kunsthandwerk und Weihnachtsartikel an. Viele Veranstaltungen werden geboten und jeden Abend wird das Ende der Veranstaltungen von einem Nachtwächter im Kostüm eingeläutet.
Adresse: Hanns-Lilje-Platz 2, 30159 Hannover

Historischer Weihnachtsmarkt Osnabrück: Der erste Weihnachtsmarkt hier fand vor 180 Jahren statt. Besonders ist, dass hier keine Musik im

Hintergrund spielt. Deshalb wird er auch »der stille Weihnachtsmarkt« genannt.

Adresse: Markt 28, 49074 Osnabrück

Weihnachtlicher Rammelsberg in Goslar: Das Weltkulturerbe und Besucherbergwerk Rammelsberg lädt nur am dritten Adventswochenende zum Weihnachtsmarkt ein. Der Besuch beginnt mit einem 30-minütigen Rundgang durch den alten Roeder-Stollen. Dieser wird von hunderten Kerzen festlich beleuchtet. Der Weihnachtsmarkt kostet Eintritt.

Adresse: Besucherbergwerk Rammelsberg, Bergtal 19, 38640 Goslar

---

Nordrhein-Westfalen

Weihnachtsmarkt am Kölner Dom: Der Weihnachtsmarkt zieht jährlich vier Millionen Menschen an. Das Highlight ist definitiv die riesige Rotfichte, die vor dem Dom steht. Etwa 150 Buden sind rund um den Dom auf der Domplatte aufgebaut. Es gibt ein abwechslungsreiches Programm, bei dem mehr als 100 Künstler auftreten.

Adresse: Domkloster 4, 50667 Köln (Domplatte)

Weihnachtsmarkt am Jan-Wellem-Platz in Düsseldorf: Nicht unbedingt der bekannteste, aber ein schöner Weihnachtsmarkt. Es gibt eine Eisfläche zum Schlittschuhfahren.
Adresse: Jan-Wellem-Platz, 40212 Düsseldorf

Weihnachtsmarkt am Hansaplatz in Dortmund: Dieser Weihnachtsmarkt ist mit seinen rund 300 Ständen und 3,7 Millionen Besuchern jährlich einer der größten Deutschlands.
Adresse: Hansastraße 72, 44137 Dortmund

Weihnachtsmarkt im Kloster Graefenthal: Nur am zweiten Adventswochenende ist dieser Markt geöffnet. Das historische Kloster Graefenthal aus dem Jahr 1248 bildet eine perfekte Kulisse. Der Markt kostet Eintritt.
Adresse: Kloster Graefenthal, Maasstraße 48-50, 47574 Goch

Burgweihnacht auf Burg Satzvey bei Mechernich: Die Burg Satzvey ist eine Wasserburg. Im Park kann man ein lebendiges Krippenspiel nach mittelalterlichen Vorlagen besuchen, auch gibt es einen Handwerkermarkt mit der Werkstatt des Weihnachtsmanns. Der Markt kostet Eintritt.
Adresse: Burg Satzvey, An der Burg 3, 53894 Mechernich

Weihnachtsmarkt Schloss Lüntenbeck bei Wuppertal: Mit Barockmusik im Hintergrund kann man hier gemütlich über den Markt schlendern. Der Weihnachtsmarkt findet nur am zweiten und dritten Adventswochenende im Innenhof des kleinen, gut erhaltenen Herrensitzes statt. Der Markt kostet Eintritt.
Adresse: Schloss Lüntenbeck, Industriestraße 76, 42327 Wuppertal (Parkplatz)

Rheinland-Pfalz

Historischer Weihnachtsmarkt in Mainz: Vor der Kulisse des 1000-jährigen Martinsdoms am Domplatz im Mainz findet der Weihnachtsmarkt statt. Sehenswert sind die 11 Meter hohe Weihnachtspyramide sowie die 9 Meter große Spieluhr mit ihren 18 handgeschnitzten Engeln.
Adresse: Markt 10, 55116 Mainz

Weihnachtswunderland in Trier: Der Weihnachtsmarkt findet auf dem mittelalterlichen Hauptmarkt statt. Etwa 90 Buden bieten ihre weihnachtlichen Waren an.
Adresse: Hauptmarkt, 54290 Trier

Nibelungen-Weihnacht in Worms: Worms ohne Nibelungen geht einfach nicht. In der »Nibelungen-Weihnachtswerkstatt« bekommt man Einblicke in die Handwerkskunst und kann auch seiner eigenen Kreativität freien Lauf lassen.
Adresse: Obermarkt, 67547 Worms

Cochemer Burgweihnacht auf der Reichsburg Cochem: Die Reichsburg Cochem hat alljährlich am dritten Adventswochenende ihren Weihnachtsmarkt. Er bietet unter anderem ein lebendiges Krippenspiel, das die Weihnachtsgeschichte mit Schauspielern und echten Tieren zum Leben erweckt. Der Markt kostet Eintritt.
Adresse: Reichsburg Cochem, Schlossstraße 36, 56812 Cochem

Saarland

Saarbrücker Christkindl-Markt: Über den Dächern des St.-Johanner-Marktes erzählt der »fliegende Weihnachtsmann« zweimal täglich die Geschichte von Rudolf, dem Rentier mit der roten Nase, und schwebt zusammen mit dem Christkind in seinem Rentierschlitten über die Köpfe der Besucher hinweg.
Adresse: Sankt-Johanner-Markt, 66111 Saarbrücken

Weihnachtsmarkt in Saarlouis: Mit mobiler Eisarena und vielen Buden mit Kunsthandwerk und einer Gastro-Almhütte mit ihren alpenländischen Gerichten kann man sich hier in Weihnachtsstimmung bringen. Ein optisches Highlight bildet der 12 Meter große Weihnachtsbaum mit rund 100 000 LED-Lichtern.
Adresse: Kleiner Markt, 66740 Saarlouis

Burgweynacht in Kirkel: Mitten im UNESCO-Biosphärenreservat Bliegau wird die Kirkeler Burgweynacht gefeiert. Das liebevoll gestaltete Handwerkerdorf rund um die Burg ist mit Fackeln und Kerzen beleuchtet. Für eine zauberhafte und mystische Stimmung sorgen Turmbläser, Trommler, Flöten- und Lautenspieler. Der Markt kostet Eintritt.
Adresse: Kirkeler Burg, Burgstraße, 66459 Kirkel-Neuhäusel

Sachsen

Striezelmarkt in Dresden: Deutschlands ältester Weihnachtsmarkt findet in Dresden statt. 2020 findet er zum 586. Mal statt. Programm-Highlights wie das Dresdner Stollenfest oder das Dresdner Pfefferkuchenfest sorgen für weihnachtliche Stimmung.
Adresse: Altmarkt, 01067 Dresden

Zweitältester Weihnachtsmarkt in Leipzig: Der zweitälteste Weihnachtsmarkt befindet sich in Leipzig. Höhepunkte sind die Aufführungen des Weihnachtsoratoriums von Johann Sebastian Bach, die Orgelmusiken in den verschiedenen Leipziger Kirchen, der Turmbläser auf dem Turm des alten Rathauses, die Weihnachtsshow, der Märchenwald und die Weihnachtsmannsprechstunde.

Adresse: Markt, 04109 Leipzig

Erzgebirgischer Weihnachtsmarkt in Chemnitz: Mit einer 12 Meter hohen Weihnachtspyramide, einer überdimensionalen Spieldose und einem 5 Meter hohen Schwibbogen bietet der Weihnachtsmarkt einiges fürs Auge.

Adresse: Neumarkt, 09111 Chemnitz

Annaberger Weihnachtsmarkt in Annaberg-Buchholz: Absolutes Highlight hier ist die »Große Bergparade« am vierten Adventssonntag, zu deren Abschluss 400 Musiker aus ganz Sachsen zu einem Bergkonzert zusammenkommen.

Adresse: Im Zentrum von Annaberg-Buchholz; Parken auf dem Zentralparkplatz Kätplatz, kostenloser Shuttle-Bus ist vorhanden (samstags und sonntags)

Sachsen-Anhalt

Weihnachtsmarkt in Halle an der Saale: Wenn es dunkel wird, erstrahlt auf dem halleschen Marktplatz der Rote Turm als größte Adventskerze Europas. Ein besonderes Highlight: das Weihnachtsschausieden der Halloren mit Ausstellung der Salzkronleuchter am zweiten Advent.
Adresse: Marktplatz, Hallmarkt, Leipziger Straße, 06108 Halle (Saale)

Weihnachtsmarkt in Quedlinburg: Hier gibt es einen der größten Adventskalender Deutschlands: Er besteht aus 24 weihnachtlich geschmückten Häusern.
Adresse: Quedlinburger Markt, 06484 Quedlinburg

Weihnachtsmarkt in Eisleben: Der Weihnachtsmarkt hat viel zu bieten: festlich dekorierte Buden, die große Weihnachtspyramide, eine Weihnachtskrippe, den Märchenwald, das Waldhaus, die Weihnachtsbühne, ein Kinderkarussell und natürlich einen großen Weihnachtsbaum.
Adresse: Marktplatz, 06295 Lutherstadt Eisleben

Weihnachtsmarkt in Magdeburg: In Magdeburg ist der Weihnachtsmann zu Hause: In seinem Weihnachtsmannhaus kann man ihn täglich

besuchen, mit ihm basteln und singen. Außerdem gibt es hier eine Märchengasse, in der Märchenpuppen ihre Geschichten erzählen, und einen Mittelalterweihnachtsmarkt mit allerlei Kunsthandwerk. Auch sonst glänzt Magdeburg in festlicher Weihnachtsbeleuchtung: Die Lichterwelt mit mehr als einer Million LEDs in vielen Straßen und auf dem Domplatz ist durchaus imposant.

Adresse: Alter Markt, 39104 Magdeburg

Schlossweihnacht in Merseburg: Zwischen dem zweiten und dem dritten Advent findet die Merseburger Schlossweihnacht im Hof des Merseburger Renaissance-Schlosses und auf dem Platz vor dem 1000-jährigen Kaiserdom statt. Der Weihnachtsmarkt startet mit dem Anschnitt des Langen Merseburger Weihnachtsstollens.

Adresse: Schlossinnenhof und Domplatz, 06217 Merseburg

Schleswig-Holstein

Historischer Weihnachtsmarkt in Lübeck: Vor der historischen Kulisse der UNESCO-Welterbestätte auf der Lübecker Altstadtinsel sind rund 200 Buden aufgebaut. Schon seit 1648 zieht es immer wieder Menschen hierher.

Adresse: Markt, 23552 Lübeck

Kieler Weihnachtsdorf: Die nach skandinavischer Holzhausarchitektur gestalteten Hütten machen den historischen Rathausplatz zu einem festlich gestalteten Dorf. Der Wichtel Kilian fliegt dreimal am Tag mit seiner Kogge über die Köpfe der Besucher. Und auf dem historischen Karussell von 1900 findet jeder einen Platz auf einem der liebevoll gestalteten Pferde, Kutschen oder Figuren.

Adresse: Rathausplatz, 24103 Kiel

Thüringen

Weihnachtsmarkt in Erfurt: Was auf keinen Fall auf dem Erfurter Weihnachtsmarkt fehlen darf, sind die Thüringer Bratwurst und das Erfurter Schittchen.

Adresse: Domstufen 1, 99084 Erfurt

Weihnachtsmarkt mit Eisbahn in Weimar: Das Highlight des Weimarer Weihnachtsmarktes ist die Eisbahn am Theaterplatz, welche das Goethe-Schiller-Denkmal umrahmt.

Adresse: Marktplatz und Theaterplatz, 99423 Weimar

Weihnachtsmarkt auf der Wartburg in Eisenach: Weihnachten in der historischen Kulisse der Wartburg, welche seit 1999 zum UNESCO-Weltkulturerbe gehört. Hier werden schon vergessene Handwerkskünste vorgestellt. Von Laternenbauern und Glasbläsern über Seifensieder bis hin zu Kerzenziehern, Zinngießern und Steinmetzen.
Adresse: Auf der Wartburg 1, 99817 Eisenach

Ausland

Luxemburg Winterlights: Hiermit ist nicht nur ein Weihnachtsmarkt gemeint, sondern verschiedene Orte der Luxemburger Innenstadt. Den ganzen Advent über finden kleinere Veranstaltungen statt, von Paraden bis hin zu Konzerten.

Weihnachtsmarkt in Wien: Man betritt den Weihnachtsmarkt durch einen mehrere Meter hohen Torbogen mit Kerzen. Im Park werden mit beleuchteten Installationen Weihnachtsgeschichten erzählt. Auf einer 3000 Quadratmeter großen Eisbahn kann man sich austoben – beim Schlittschuhlaufen oder Eisstockschießen.
Adresse: Rathausplatz, 1010 Wien

Salzburger Christkindlmarkt: Mitten in der Salzburger Altstadt ist der Christkindlmarkt, dessen Wurzeln bis ins 15. Jahrhundert zurückgehen. Auf dem Dom- und Residenzplatz bekommt man von traditionellen Kunsthandwerken über kulinarische Spezialitäten bis hin zu Chor- und Tanzvorführungen einfach alles. Eigentlich ist die ganze Stadt ein einziger Christkindlmarkt. Man geht quasi vom einen in den anderen. Viele Innenhöfe der Stadt sind auch festlich geschmückt und mit Buden voll.
Adresse: Residenzplatz, 5020 Salzburg

Christkindlmarkt in der Altstadt von Innsbruck: Die Tiroler Bundeshauptstadt Innsbruck liegt inmitten der Alpen mit Blick auf die schneebedeckten Berge. Der Christkindlmarkt in der Altstadt ist ein sehr traditioneller Markt mit rustikalen Ständen, handgeschnitzten Krippen- und Heiligenfiguren sowie traditionellen Leckereien.
Adresse: Herzog-Friedrich-Straße 15, 6020 Innsbruck

Weihnachtsmarkt in Danzig: Besucher des Weihnachtsmarkts in Gdańsk (Danzig) können den Weihnachtsmann und seine Engel persönlich kennenlernen. Auf dem Targ Węglowy (Kohlenmarkt) stehen über 80 Stände aus Polen, Litauen und Ungarn sowie 100 Weihnachtsbäume. Zu den Attraktionen gehören eine überdimensionale handgefertigte Weihnachtspyramide, ein Venezianisches Karussell,

eine Eisbahn, ein Märchendorf und ein Nikolausschlitten mit lebendigen Rentieren.

Adresse: Targ Węglowy 4, 80-836 Gdańsk, Polen

Weihnachtsmarkt in Prag: Der Weihnachtsmarkt auf dem Altstädter Ring in Prag begeistert durch die historische Kulisse – und die üppige Dekoration, die jedes Jahr von einem Künstler zu einem speziellen Thema kreiert wird. Rund um die Jan-Hus-Statue auf dem großen Platz sind die vielen kleinen Holzbuden sternförmig aufgebaut. Jeden Abend ab 17 Uhr wird der große Weihnachtsbaum von Hunderten Lichtern ausgeleuchtet.

Adresse: Altstädter Ring, 11000 Prag

Weihnachtsmarkt in Budapest: Laut *European Best Destinations* (EBD) ist der Weihnachtsmarkt vor der großen Budapester St.-Stephans-Basilika der beste Weihnachtsmarkt Europas. Die Begründung von EBD: Der Markt biete nicht nur eine besonders weihnachtliche Stimmung, sondern sei darüber hinaus auch extra nachhaltig, unter anderem durch umweltfreundliche Becher und Besteck. Zu den Highlights zählt eine weihnachtliche Lichtershow, die die Fassade der Basilika verwandelt und der man mit 3-D-Brillen folgen kann. Neben traditionellen Ständen offerieren die Streetfood-Anbieter aus Budapest ihre Kreationen. Kinder können die angelegte Eislauffläche dort kostenlos nutzen.

Adresse: 1051 Budapest, Szent István tér 1

Weihnachtsmarkt Brüssel: Der Weihnachtsmarkt »Plaisirs d'Hiver« (Die Freuden des Winters) bietet eine große Lichtershow an der Fassade des Grand Palace. Außerdem ist eine Eisbahn aufgebaut. Höhepunkt ist eine Weihnachtsparade mit großen Figuren, Elfen, Rentieren und natürlich dem Weihnachtsmann.
Adresse: Quai aux Briques, 1000 Bruxelles

Valkenburg aan de Geul: Zur Adventszeit verwandelt sich das kleine Städtchen Valkenburg aan de Geul ganz im Süden der Niederlande in eine einzige Weihnachtsstadt. Sogar unterirdisch kann man dort zwischen vielen Verkaufs- und Essensständen flanieren. Vor einigen Jahren erhielt die Stadt Valkenburg sogar die Auszeichnung »Europäische Weihnachtsstadt 2018« in der Kategorie »Gemeinden mit bis zu 100 000 Einwohnern« verliehen. Der Weihnachtsmarkt kostet Eintritt.
Adresse: Valkenburg aan de Geul, Niederlande

Christmas Village on Ice, Amsterdam: Vor dem Rijksmuseum am Museumplein in Amsterdam findet jedes Jahr im Dezember ein kleiner Weihnachtsmarkt statt. Sportbegeisterte können eine Pause vom Weihnachtstrubel für eine Runde auf der Eisbahn einlegen.
Adresse: Museumplein, 1071 DJ Amsterdam

Amsterdam Light Festival: Zur Weihnachtszeit sind ebenfalls die Grachten in Amsterdam eine Quelle des Lichts, und zwar während des Amsterdam Light Festival. Dutzende Kunstwerke und Installationen nationaler und internationaler Künstler schmücken die Grachten im Zentrum Amsterdams.
Adresse: Kanäle von Amsterdam

Weihnachtsmarkt Straßburg, Elsass: In Straßburg sind ausgehend vom prächtigen Münster rund 300 Buden aufgebaut für den »Christkindelsmärik«. Auf dem Place Kléber steht ein großer Weihnachtsbaum. Der Historische Straßburger Weihnachtsmarkt hat schon einige Jahre auf dem Buckel: Im Jahr 1570 wurde er zum ersten Mal veranstaltet. Damit ist er der älteste Weihnachtsmarkt in Europa.
Adresse: Place Broglie, 67000 Straßburg

Weihnachtsmarkt in Colmar, Elsass: Vom Advent bis zum Dreikönigsfest erstrahlt die Stadt Colmar im Elsass in ganz besonderem Licht: Die historischen Fachwerkhäuser in den Gassen der Altstadt und die Bäume sind während des Weihnachtsmarktes »La Magie de Noël« (Zauber der Weihnachtszeit) mit Lichterketten geschmückt. Geheimtipp: ein Rundgang über die insgesamt fünf Weihnachtsmärkte in der Innenstadt am Platz Jeanne d'Arc, Platz de l'Ancienne Douane, Platz des Six Montagnes Noires, Platz des Dominicains.
Adresse: 8 Place Jeanne d'Arc, 68000 Colmar

Weihnachtsmarkt in Paris: Natürlich gibt es in Paris viele Weihnachtsmärkte. Und einige davon befinden sich in der Nähe von bekannten Sehenswürdigkeiten, so auch der Weihnachtsmarkt auf den Champs-Elysées. 400 Weihnachtsbäume sind auf 2,5 Kilometern festlich geschmückt und beleuchtet. 200 Holzhütten stehen bis zur Place de la Concorde. Statt Bier oder Bratwurst genießt man in der französischen Hauptstadt leckeren Rotwein mit allerlei anderen französischen Köstlichkeiten.
Adresse: Champs-Élysée, Paris

Weihnachtsmarkt in Bath: Das Stadtbild von Bath ist geprägt durch die Häuser aus Kalkstein (Bath Stone), die der Stadt in England ein royales Aussehen geben und aus unzähligen britischen Filmen und Serien bekannt sind. Fast alle Anbieter auf dem örtlichen Weihnachtsmarkt kommen aus Bath sowie der Umgebung und bieten Handgefertigtes in ihren Buden an.
Adresse: Abbey Churchyard Bath, Bath

Weihnachtsmarkt in London: Eine kleine Reizüberflutung gibt es im Hyde Park: Das Ganze erinnert eher an Kirmes als an Weihnachtsmarkt mit vielen Fahrgeschäften, einer Eisskulpturenausstellung, Eislaufbahn, Weihnachtszirkus und einem 60 Meter hohes Riesenrad. – Splendid!
Adresse: Hyde Park London

European Christmas Market in Edinburgh: Der European Christmas Market in der schottischen Hauptstadt Edinburgh ist mehr als bloß ein gewöhnlicher Weihnachtsmarkt. Es gibt die Grotte des Weihnachtsmanns, ein Labyrinth aus Tannenbäumen, ein märchenhaftes Karussell und Achterbahnen. Aber auch ein Riesenrad, einen Eislaufplatz und zahlreiche Punsch- und Marktstände warten auf die Besucher.
Adresse: East Princes Street Gardens, Edinburgh

Basler Weihnachtsmarkt: Statt der klassischen gebrannten Mandeln gibt es hier Basler Leckereien und Schweizer Raclette. Highlight für Kinder: Im weihnachtlichen Märchenwald auf dem Münsterplatz können sie Kerzen ziehen, Lebkuchen verzieren und Fackeln herstellen.
Adresse: Münsterplatz und Barfüsserplatz, 4051 Basel

Christkindlimarkt in Zürich: Anders als die meisten Weihnachtsmärkte wird der Zürcher Christkindlimarkt nicht draußen, sondern drinnen abgehalten, was bei den eisigen Temperaturen im Dezember durchaus seine Vorteile hat. Der mit 5000 Ornamenten schillernde Weihnachtsbaum zählt neben den 150 festlich geschmückten Buden und Karussells zu den besonderen Highlights.
Adresse: Bahnhofplatz, 8001 Zürich

Weihnachtsmarkt im Tivoli Kopenhagen: Im Freizeitpark Tivoli ist jeder Baum mit einer Lichterkette umwunden. Dort gibt es dänisches Kunsthandwerk und viel heißen Glögg. (Das ist die skandinavische Variante des Glühweins, mit Mandeln und Rosinen verfeinert.) Da es ein Freizeitpark mitten in der Stadt ist, sind nostalgische Fahrgeschäfte in Betrieb. »Hyggelig« ist das alles. (Hygge ist ein Kernbestandteil der dänischen Tradition und Lebensweise. Im Wesentlichen bedeutet es eine gemütliche, herzliche Atmosphäre, in der man das Gute des Lebens zusammen mit lieben Leuten genießt.) Der Freizeitpark kostet Eintritt.

Adresse: Tivoli-Freizeitpark, Vesterbrogade 3, 1630 Kopenhagen

---

Weihnachtsmarkt Stockholm: In Schweden heißt der Weihnachtsmarkt Julmarknad. Typische rote Schweden-Holzhäuschen säumen den Straßenrand in der Altstadt Gamla stan. In den Gassen riecht es nach Pepparkakor (Pfefferkuchen) und Glögg. Statt Bratwurst oder gebrannten Mandeln gibt es auf Schwedens Weihnachtsmärkten Räucherlachs und Elchfleisch.

Adresse: Gamla stan, Stockholm

Weihnachtsmarkt in Tallinn: Hier kommt der Weihnachtsmann mit seinen Rentieren. Im Mittelpunkt des Marktes steht eine große, beleuchtete Tanne; diese Tradition geht bis ins Jahr 1441 zurück. Estnisches Weih-

nachtsessen umfasst übrigens Blutwurst, Sauerkraut und Pfefferkuchen. Das gibt es dann natürlich auch auf dem Weihnachtsmarkt.

Adresse: Raekoja-Platz, Tallinn

Weihnachtsmarkt in Zagreb: Der Weihnachtsmarkt ist vielmehr eine 900 Meter lange Weihnachtsallee. Eine besondere Attraktion ist der Weihnachtstunnel: 3-D-Installationen und Musik erzählen ein Weihnachtsmärchen. Auf dem Ban-Josip-Jelačić-Platz steht ein großer Weihnachtsbaum, der Brunnen wird zum mit großen Kerzen beleuchteten Adventskranz.

Adresse: Ban-Josip-Jelačić-Platz, Zagreb

Waltherplatz in Bozen, Südtirol: Dies ist ein traditioneller Weihnachtsmarkt mit Kapellenmusik und kleineren Konzerten sowie zahlreichen Leckereien aus der Region. Der magische Winterwald im Innenhof des Palais Campofranco sowie der riesige Adventskalender am Max-Valier-Haus sind ebenfalls sehenswert.

Adresse: Waltherplatz, 39100 Bozen, Südtirol

Weihnachtsmarkt in Brixen, Südtirol: Der Weihnachtsmarkt in Brixen in Südtirol ist sehr traditionell, liegt zu Füßen des Doms in der Stadt und ist

umgeben von jahrhundertealten Bauten. Die Buden sind stimmungsvoll beleuchtet und man bekommt Einblicke in die Südtiroler Handwerkskunst mit Holzschnitzereien, Krippen und Krippenfiguren, handgefertigte Tonwaren, Kerzen und bemalte Glaskugeln.

Adresse: Piazza del Duomo, 39042 Bressanone

Andere Länder, andere Sitten

International gesehen ist Weihnachten ein Fest der vielen Unterschiede. Das fängt schon mit dem Tag an. Hier feiern wir besonders den Abend des 24. Dezember – in England und den USA spielt sich alles am Morgen des 25. Dezember ab. Doch das ist wohl nur der kleinste Unterschied ... Auch bei den Bräuchen sind viele Länder enorm kreativ. Manche Bräuche sind dabei wirklich schräg: Spinnweben, Scheißerchen und Hexen kommen hier vor, um nur einige zu nennen. Was genau das mit Weihnachten zu tun hat? Nun, Besserwisser werden in diesem Kapitel gut mit Fakten versorgt und können von nun an auch mit internationalem Wissen glänzen.

Mitteleuropa

Luxemburg: Am 6. Dezember wird ein Schuh vor die Haustür gestellt, den dann »Kleeschen« (Nikolaus) und sein Gehilfe »Houseker« mit Kleinigkeiten füllen. Am Weihnachtsabend wird abends meist Blutwurst mit Stampfkartoffeln und Apfelsoße gegessen. Die Geschenke dürfen erst nach der Mitternachtsmesse ausgepackt werden.

Österreich: In Österreich gibt es übrigens das Weihnachtsliederarchiv. Es umfasst rund 30 000 Eintragungen und reicht von Weihnachtsliedtexten über Noten bis hin zu Geschichten, Gedichten, Hirten- und Krippenspielen. Auch enthält es neben älterer und neuerer alpenländischer Volksmusik fremdsprachige und volkstümliche Lieder, Spirituals und Popsongs. Das »Büro für Weihnachtslieder« liegt in der Grazer Innenstadt. Es ist weltweit tätig und hilft bei der Suche nach Texten oder Melodien. Zudem ist es Auskunftsstelle für alle Fragen rund um das Singen und Musizieren sowie weihnachtliche Bräuche.

Polen: Die Adventszeit ist in Polen eine Fastenzeit, die am Heiligen Abend endet. (Das war es früher bei uns übrigens auch.) Das Festessen besteht – in Erinnerung an die zwölf Apostel – aus zwölf Gerichten und ist vegetarisch. Erst nach dem Essen werden die Geschenke ausgepackt. In Polen gehören Spinnweben zur Weihnachtsdekoration. Die Spinnennetze sollen Glück bringen.

Tschechien: Die Geschenke in Tschechien bringt *Ježíšek*, das Christkind. Auch sind hier volkstümliche Zukunftsdeutungen Tradition. So werden Äpfel kreuzweise geschnitten: Wenn ein Stern im Kern erscheint, steht ein gutes Jahr bevor, erscheint ein Kreuz, wird es ein schlechtes Jahr geben. Junge Frauen werfen Schuhe über ihre Schultern, um zu schauen, ob eine baldige Heirat bevorsteht. Wenn die Schuhspitze

zur Türe zeigt wird bald geheiratet. Zu essen gibt es Weihnachtskarpfen mit Kartoffelsalat. Der Karpfen wird noch lebendig gekauft und seine letzten Tage in der Badewanne gehalten.

Slowakei: Die Weihnachtsfeierlichkeiten starten am 4. Dezember mit dem Barbaratag. Junge Frauen stellen Kirschzweige ins Wasser; blühen diese an Heiligabend, bringt es Liebesglück im nächsten Jahr. Auch in der Slowakai kommt das *Ježiško* (Christkind) am 24. Dezember und bringt die Geschenke.

Slowenien: Hier beginnt die Weihnachtszeit bereits am 13. November mit einem Festessen. Dieses soll die vorweihnachtliche Fastenzeit einläuten. Gäste an den Weihnachtstagen gelten als Zeichen für Unglück im nächsten Jahr, da es ein reines Familienfest ist. Die Weihnachtszeit endet in Slowenien erst am 2. Februar mit dem Fest Darstellung des Herrn.

Ungarn: In Ungarn stellt man wie hier auch einen Christbaum auf. Geschmückt wird er mit einem *szaloncukor* (Salonzuckerl) oder auch einer Zuckerstange. Der Hintergrund: Früher stand der Christbaum in alten bürgerlichen Haushalten im Salon. In Ungarn kommt ebenfalls das

Christkind, *Jézuska*. Zur Zeit des Kommunismus wurde versucht, *Jézuska* durch den Weihnachtsmann *Télapó* zu ersetzen, allerdings mit nur mäßigem Erfolg.

———————

Niederlande: Von niederländischen Einwanderern ist der Sankt-Nikolaus-Brauch in die USA importiert worden. Aus Sinterklaas wurde der jetzt bekannte Santa Claus.

———————

Frankreich: In Deutschland stellen die Kinder an Nikolaus ihre Stiefel vor die Türe, in Frankreich werden die Schuhe am 24. Dezember neben den Kamin gestellt. Dann wird auf *Père Noël* gewartet. Ausgepackt werden die Geschenke dann erst am 25. Dezember, vorausgesetzt die Kinder waren brav und es gibt Geschenke.

———————

Vereinigtes Königreich und Irland: Der Brauch mit dem berühmten Kuss unter dem Mistelzweig ist mittlerweile auch schon bei uns angekommen: Im 18. Jahrhundert nannten die Engländer die weißen Früchte des Mistelzweiges »Kuss-Kugeln«. Zu Weihnachten wurde der Zweig mit Bändern geschmückt und eine junge Frau, die unter dem Mistelzweig steht, durfte einen Kuss nicht ablehnen. Ob manche Damen sich absichtlich unter dem Zweig aufhielten, ist nicht überliefert.

Sieben von zehn britischen Hunden bekommen ein Geschenk zu Weihnachten, so eine Studie aus dem Jahr 1995.

Eine bunte Papierkrone (*Paper Crown*) tragen die Engländer während des Weihnachtsessens am 25. Dezember.

Der zweite Weihnachtstag wird in England Boxing-Day (der Geschenkschachtel-Tag) genannt. Das geschenkte Geld wird nämlich in eine kleine Box gelegt.

Für viele Fernsehstationen in England ist Heiligabend der quotenträchtigste Tag des Jahres. Die meisten Briten verfolgen die jährliche Weihnachtsansprache der Queen.

London ist immer up to date: Hier können besonders motivierte Weihnachtsmänner an einem Grundkurs teilnehmen. Sie lernen hier alles über die neuesten Spielzeug- und Geschenketrends und bekommen sogar eine Anleitung für Jugendsprache. »Nice, I bims, 1 S C.« Oder so.

Schweiz: Hier kann man sich jedes Jahr als Santa Claus beweisen. Alljährlich ziehen hier zum ClauWau, der Olympiade der Weihnachtsmänner, Hunderte von Santa-Claus-Teams aus der ganzen Welt umher und duellieren sich im Schneeschuhrennen, Lebkuchen dekorieren oder Kaminklettern.

Nordeuropa

Dänemark: Mit Start der Adventszeit wird abends eine Kalenderkerze (*Kalenderlys*) aufgestellt. Der Tagesabschnitt wird Tag für Tag bis zum 24. Dezember heruntergebrannt. Die Kalenderkerze wurde 1942 von der Kopenhagener Kerzenfabrik Asp & Holmblad auf den Markt gebracht.

Am 13. Dezember feiern die Kinder – nach schwedischem Vorbild – das Luciafest.

Die Besonderheit des Weihnachtsessens ist das Dessert: Mandelmilchreis (*ris à l'amande*) mit einer versteckten Mandel. Der Glückspilz, der

die Mandel in seiner Portion findet, bekommt ein kleines Geschenk – das *Mandelgave*.

In Dänemark gibt es nicht nur einen »normalen« Adventskalender, sondern eine extra 24-teilige TV-Serie für Kinder. Diese war so erfolgreich, dass mittlerweile auch eine für Erwachsene ausgestrahlt wird.

Färöer: Ganze 21 Tage lang feiern die Färinger. Start ist der 24. Dezember, der *Tjúgundahalgi* (Heiliger Zwanzigertag). Die Färinger sind die Einzigen, die den nordischen Weihnachtsbrauch bewahrt haben, bei dem man am 13. Januar zum Weihnachtskehraus tanzt.

Finnland: In Finnland glauben die Menschen, dass der Weihnachtsmann *Joulupukki* im nördlichen Teil des Landes in Korvatunturi lebt. Wer seine geheime Werkstatt findet, kann fleißigen Helferchen bei ihrer Arbeit zusehen. Außerdem hat der Weihnachtsmann eine Frau.

Island: Hier kommen die *Jólasveinar* oder auch die Weihnachtsgesellen – und heute muss man keine Angst mehr vor ihnen haben. Sie

haben sich im Lauf der Zeit durch den Besuch in isländischen Häusern ein paar Manieren angeeignet. Heutzutage bringen sie die Geschenke für artige Kindern. Die isländischen Weihnachtsmänner sind 13 raue Gesellen. Ab dem 12. Dezember kommt jeden Tag einer von ihnen aus den Bergen bis am *aðfangadagskvöld*, an Heiligabend, alle zusammen sind. Dann verschwinden sie wieder einer nach dem anderen, bis am 6. Januar (*prettándinn*) alle zurück in den Bergen sind.

Grýla ist die Mutter der 13. Sie ist eine furchtbare Trollfrau, die unartige Kinder frisst. Warum sie nicht ihre eigenen Rotzlöffel von Söhne aufgegessen hat, ist nicht bekannt.

Leppalúði (Lepperludi) ist der Vater und ist eigentlich ein ganz netter Kumpan. Er frisst zumindest weder Menschen, noch stellt er irgendeinen Unfug an. Er scheint das schwarze Schaf in der Familie zu sein.

Stekkjastaur (der Schafsschreck) ist der erste der Gesellen, der aus den Bergen kommt. Seine Lieblingsbeschäftigung: Schafe ärgern. Er kommt am 12. Dezember und geht wieder am 25.

Giljagaur (der Schluchtenkobold) kommt am 13. Dezember und geht am 26. wieder. Dieser Geselle versteckt sich gern in Schluchten und erschreckt vorbeikommende Leute.

Stúfur (der Knirps) ist der kleinste der 13 Gesellen. Er hat einen riesigen Appetit. Am liebsten stiehlt er aber angebrannte Reste aus Pfannen. Und das macht er vom 14. bis zum 27. Dezember.

Als Nächstes kommt vom 15. bis 28. Dezember Þvörusleikir (der Löffellecker). Er ist der dünne Bruder. Das liegt daran, dass, wer nur an Löffeln leckt, nicht viel zu essen bekommt. (Nebenbei bemerkt ein super Diättipp zu Weihnachten!)

Pottaskefill (der Topfschaber) kommt als Nächstes. Er hasst Lebensmittelverschwendung. Deswegen schleckt er alle Töpfe und Schalen aus. Er kommt am 16. Dezember und verschwindet wieder am 29.

Vom 17. bis 30. Dezember kommt Askasleikir (der Essnapflecker). Dieser Bruder ist berüchtigt dafür, die Holzschalen zu stehlen, aus denen

die Isländer früher gegessen haben. Heute hat man zum Glück genug IKEA-Geschirr.

Hurðaskellir (der Türenknaller) kommt vom 18. bis 31. Dezember. Sie denken, das war der Wind, der die Tür zugeschmissen hat? Oder Ihre pubertierende Tochter? Falsch gedacht. Der Türenknaller geht um.

Skyrgámur (der Quark-Gierschlund) kann gar nicht genug vom isländischen Magermilchquark Skyr bekommen. Und davon nascht er vom 19. Dezember bis zum 1. Januar.

Bjúgnakrækir (der Wurststibitzer) kommt vom 20. Dezember bis zum 2. Januar. Verstecken Sie also gut den Schinken und die Salami – und sicherheitshalber auch den Weihnachtsbraten.

Gluggagægir (der Fensterglotzer) kommt am 21. Dezember und bleibt bis zum 3. Januar. Wenn Sie denken, dass Sie einen Spanner an Ihrem Fenster sehen, dann ist das (zumindest in dieser Zeit) vermutlich er. Tipp: Vorhänge zuziehen.

Gáttapefur (der Türschlitzschnüffler) hat eine riesige Nase, um Essen zu erschnüffeln. Besonders liebt er das isländische Laubbrot, das vor Weihnachten gebacken wird. Er kommt vom 22. Dezember und geht wieder am 4. Januar.

Ketkrókur (der Fleischangler) kommt zu Besuch am 23. Dezember und bleibt bist zum 5. Januar. Ein typisches isländisches Weihnachtsgericht ist geräuchertes Lamm. Manchmal stiehlt sich dieser Bruder in die Räucherkammer und isst alles auf.

Kertasníkir (der Kerzenschnorrer) bleibt vom 24. Dezember bis zum 6. Januar. Früher wurden Kerzen aus Fett hergestellt; sie waren daher essbar. Was der Kerzenschnorrer heute isst, ist nicht bekannt.

Zu den 13 Weihnachtsgesellen kommt noch das Haustier von der Trollfrau Grýla: die Weihnachtskatze Jólakötturinn. Das ist kein kleines maunzendes, flauschiges, verschmustes Kätzchen, das man streicheln möchte. Sie frisst jeden auf, der sich für Weihnachten nicht mindestens ein neues Kleidungsstück kauft. Vielleicht sollte statt SALE in den Schaufenstern die Weihnachtskatze abgebildet werden.

Wegen Mangels an Bäumen im Land wurden früher die Bäume aus Holzstücken gebaut. Man malte sie grün an und dekorierte sie mit immergrünen Zweigen und anderem weihnachtlichen Schnickschnack. Heute werden die Tannenbäume vom Festland nach Island importiert.

Am Weihnachtsabend wird meist *Jolaar* (Weihnachtslamm), Rauchfleisch, Würstchen und selbstgebrautes Bier serviert.

Lettland: Hier vermischen sich christliche mit vorchristlichen Bräuchen zur Wintersonnenwende. An Weihnachten zieht man in ländlichen Gegenden einen Eichenbalken von Hof zu Hof. Auf dem letzten Hof wird dieser verbrannt, um das Übel zu vernichten und der Sonne neue Kraft zu geben.

Norwegen: Der erste Weihnachtstag ist ein ruhiger und stiller Tag, während am 26. Dezember Kinos, Bars und Nachtclubs voll mit Partygästen sind. Die Kinder feiern ihr eigenes Fest, verkleiden sich als *Julebukk* und verlangen Süßigkeiten, nach dem gleichen Muster wie amerikanische Kinder an Halloween. Außerdem werden vor Heiligabend die Besen versteckt, und zwar an einem besonders sicheren Ort. An-

statt des Weihnachtsmanns werden hier nämlich heimtückische Hexen erwartet, die es wohl auf die Besen der Norweger abgesehen haben.

Schweden: Der Heiligabend startet in Schweden um 15 Uhr mit dem Schauen einer Donald-Duck-Sendung vor dem traditionellen *Julbord* (Weihnachtsessen). Seit vorchristlicher Zeit gehört der *Julbock* (Weihnachtsbock) in Skandinavien traditionell zur Weihnachtszeit. Wir kennen ihn etwa als Ziegenbockfigur aus Stroh – aus dem IKEA. Er verkörperte ursprünglich die von den Göttern gegebene Fruchtbarkeit der Erde. In Schweden brachte er bis ins 19. Jahrhundert die Geschenke. Heute ist dafür *Jultomte* – der Weihnachtsmann – zuständig.

Osteuropa

Russland: In Russland kommt Väterchen Frost statt des Weihnachtsmanns. Begleitet wird er von seiner Enkelin *Snegurotschka* (Schneemädchen, Schneeflöckchen).

Weihnachten wird in Russland erst am 7. Januar gefeiert (entspricht im Julianischen Kalender dem 25. Dezember). Die Geschenke bekommen die Kinder aber bereits schon zu Silvester.

Südosteuropa

Griechenland: Die Bescherung findet in Griechenland nicht wie bei uns am 24. Dezember statt, sondern erst am 31. Dezember – zum Fest des heiligen Vassilius.

Südeuropa

Italien: Der Weihnachtsmann kommt in Italien erst seit wenigen Jahren. Davor war die Hexe Befana für die Lieferung der Geschenke verantwortlich. In der Nacht zum 6. Januar fliegt sie mit ihrem Besen von Haus zu Haus. In einigen Teilen Italiens werden die Geschenke aber auch vom Christkind an Heiligabend gebracht.

Portugal: Die Geschenke bringt hier der *Pai Natal* – der »Papa Weihnacht« oder Weihnachtsmann, mancherorts auch das Jesuskind. Bescherung ist am Weihnachtsmorgen am 25. Dezember.

In einem Fischerdorf an der Westküste Portugals, São Martinho do Porto, gibt es den größten schwimmenden Weihnachtsbaum in Europa.

Spanien: Die Weihnachtslotterie ist in Spanien etwas Besonderes. Denn am 22. Dezember mit der Ziehung der Lotterie beginnt die Weihnachtszeit. Am Fest der unschuldigen Kinder, am 28. Dezember, gibt es einen lustigen Brauch. Es ähnelt unserem 1. April: Es wird versucht, durch erfundene oder verfälschte Geschichten andere hereinzulegen. Auch die Zeitungen bringen an diesem Tag möglichst originelle und glaubwürdig klingende Falschmeldungen.

Auch in Spanien und Teilen Lateinamerikas gibt es die Geschenke erst am 6. Januar. Die heiligen drei Könige Caspar, Melchior und Balthasar ziehen durchs Land und bringen die Geschenke. Dieser Brauch geht auf die Erzählung zurück, dass das Jesuskind zwar am 24. Dezember geboren wurde, die Drei Heiligen Könige aber erst am 6. Januar nach

ihrer langen Reise aus dem Morgenland angekommen sind, um das Kind mit Geschenken zu ehren.

In **Katalonien** gibt es eine seltsame Krippenfigur. Neben der klassischen Weihnachtskrippe mit Maria, Josef und dem Jesuskind hockt eine kleine Gestalt mit nacktem Hintern und verrichtet ihr großes Geschäft – inklusive eines ordentlichen Haufens. *Caganer* heißt die Figur, oder eben auch Scheißerchen. Er trägt die typische katalanische Tracht der Bauern: Eine rote Kappe mit schwarzem Rand, sein weißes Hemd mit hochgekrempelten Ärmeln, dazu hat er schwarze Hosen an und einen roten Gürtel. Ursprünglich war das Scheißerchen in der Krippe gut versteckt. Es ist nämlich Brauch, dass katalanische Kinder in der Krippe danach suchen, weil es jedes Jahr woanders versteckt wird.

Das Wort *Caganer* ist übrigens lateinischen Ursprungs und leitet sich von *cacare* ab. Hier hört man die Verwandtschaft zum deutschen Verb »kacken« sehr deutlich heraus. Eigentlich ist der *Caganer* ein Glücksbringer. Er steht für den Kreislauf des Lebens. Die heilige Erde der Krippe wird durch die Düngung (den großen Haufen) fürs kommende Jahr vorbereitet. Der *Caganer* soll dann nicht nur dem Krippenbauer Glück bringen, sondern auch all denen, die die kackende Figur in der Krippe entdecken.

Nordamerika

Mexiko: Die Weihnachtsfeiern beginnen am 15. Dezember während der neuntägigen *Posadas*. Man symbolisiert die Suche von Maria und Josef nach einer Herberge in dieser Zeit. Der Gastwirt lädt in sein Haus ein und es wird eine Piñata zerschlagen.

Auch findet hier die *Noche de Rabanos* (Nacht der Radieschen) statt. Dabei messen sich in Mexiko am 23. Dezember Hunderte Handwerker, wer denn die schönste Radieschen-Skulptur schnitzen kann. Im 16. Jahrhundert huldigten die Mexikaner ihren heimischen Radieschen, indem sie diese als besonderes Ritual an Weihnachten zu Skulpturen verarbeiteten. Und noch heute halten die Einheimischen an diesem Brauch fest und nehmen ihren Gemüse-Wettkampf durchaus ernst.

USA: *Rudolph, the Red-Nosed Reindeer* (das Rentier mit der roten Nase) gehört ursprünglichen nicht zu den acht Rentieren, die den Schlitten vom Weihnachtsmann zogen. Das waren Dasher, Dancer, Prancer, Vixes, Comet, Cupid, Donner und Blitz. Rudolph tauchte erst später 1939 in einem Malbuch auf. Und sollte ursprünglich auch gar nicht Rudolf heißen sondern Rollo oder Reginald.

Kurzer Fakt zu den Rentieren: Männliche Rentiere werfen jedes Jahr im Herbst/Winter nach der Brunft ihr Geweih ab. Da die Rentiere des Weihnachtsmanns aber alle ein Geweih tragen, müssen sie entweder weiblich oder kastriert sein.

---

56 Prozent der Amerikaner gaben laut einer Umfrage zu, dass sie regelmäßig für ihre Hunde und Katzen und anderen Haustiere Weihnachtslieder singen.

In Amerika und Großbritannien werden die Geschenke erst am Morgen des 25. Dezembers ausgepackt.

Die Weihnachtsgurke als Weihnachtsschmuck: Die Amerikaner behaupten, die Deutschen würden sich eine Gurke an den Christbaum hängen. In den USA gilt die Sache mit dem gläsernen Essiggürkchen als »urdeutscher Brauch«. Mittlerweile gibt es auch hierzulande die Gurken zu kaufen. Hier wird wiederum behauptet, es handle sich um eine amerikanische Tradition. Zur Handhabung der Gurke im Baum: Das Gürkchen wird gut zwischen den Zweigen versteckt – und wer es zuerst entdeckt, wird belohnt und darf als Erster die Geschenke auspacken.

Noch ein Fun Fact: Die Barbie Liberation Organisation in Amerika vertauschte 1993 in der Vorweihnachtszeit die Sprachprogramme von etwa 300 »Teen Talk Barbies« und »G.I. Joes«. Die Barbie sagte daraufhin: »Eat lead, Cobra!«, »Attack!« und »Vengeance is mine!« Also: »Iss Blei, Cobra!«, »Angriff!« und »Die Rache ist mein!«

In den USA ist statt dem Adventskalender auch *Elf on the Shelf* bekannt, also der Elf im Regal. Das funktioniert folgendermaßen: Der Elf ist ein enger Vertrauter des Weihnachtsmanns. Letzterer hat den Elf in die Häuser geschickt, um zu beobachten, ob sich die Kinder benehmen. Deshalb versteckt sich der Elf nun jeden Tag in der Weihnachtszeit an einem anderen Platz und beobachtet das Leben um ihn herum. Nachts, wenn alle Kinder schlafen, reist er dann zum Nordpol und berichtet dem Weihnachtsmann von seinen Erlebnissen bei den Familien. Aber im Morgengrauen ist er immer wieder da, und zwar auf einem neuen Platz. Im Übrigen gibt es auch Elfinnen, die diesen Job machen.

Noch ganz am Rande: Der Freitag nach Thanksgiving wird in den Vereinigten Staaten Black Friday (Schwarzer Freitag) genannt. Da Thanksgiving immer auf den vierten Donnerstag im November fällt, gilt der darauffolgende Freitag als Beginn der Weihnachtseinkaufsaison. Die Konsumschlacht kann also beginnen. Angeblich heißt der Tag Black Friday, da an diesem umsatzstarken Tag die Händler die Chan-

ce haben, aus dem Minus herauszukommen – also statt roter Zahlen schwarze zu schreiben.

———————————

Lateinamerika

Brasilien: Die Traditionen ähneln sehr den europäischen. Häuser werden mit Lichtern geschmückt und trotz des warmen Wetters wird auch winterlich dekoriert. Sogar Kunstschnee wird verwendet. In manchen Städten wie Curitiba gibt es Dekorationswettbewerbe.

———————————

Papai Noel (Weihnachtsmann) bringt die Geschenke.

———————————

Chile: Die Geschenke bringt in Chile ein alter Hirte, der *Viejo Pasquero*.

———————————

Peru: Weihnachtskrippen sind in ganz Südamerika sehr wichtig. Peru hat einen hohen Anteil indigener Bevölkerung und die Krippenfiguren werden nach einem jahrhundertealten Muster geschnitzt.

Asien

Volksrepublik China: In China wird nicht Weinachten gefeiert. Christen, die in China leben, feiern eher inoffiziell. Dagegen ist in Hongkong der 25. Dezember ein Feiertag, da es eine ehemalige europäische Kolonie ist.

Georgien: Erst am 7. Januar wird Weihnachten gefeiert. Die Leute gehen zum *Alilo* auf die Straße und gratulieren sich gegenseitig zum Feiertag.

Japan: Das traditionelle Hühnchen von Kentucky Fried Chicken (KFC) kommt in vielen japanischen Familien zu Weihnachten auf den Tisch. Das kommt daher, dass in den 1970er-Jahren KFC eine Werbekampagne unter dem Motto »Kentucky for Christmas« gestartet hatte – seitdem landet in Japan KFC auf dem Weihnachtstisch.

Südkorea: Es ist das einzige ostasiatische Land, in dem der 25. Dezember ein landesweiter Feiertag ist. *Santa Haraboji* (Großvater Santa) bringt die Geschenke.

Philippinen: Hier feiert man geschlagene vier Monate lang Weihnachten – also ein ganzes Drittel des Jahres, das gibt es nirgendwo sonst auf der Welt. Von September bis Januar dauert die mehr oder weniger besinnliche Jahreszeit auf dem tropischen Inselstaat, der zu 90 Prozent von Christen bewohnt wird.

_____

Tipp: Berühmt ist die Lichtershow im Stadtpark Ayala Triangle Gardens. Dieser kann es locker mit dem strahlenden Baum vor dem New Yorker Rockefeller Center aufnehmen.

_____

Viele gehen morgens auch in die Christmette – *Simbang Gabi* heißt die Tradition der Weihnachtsmessen im Morgengrauen. Sie finden ab dem 16. Dezember täglich statt und starten meist gegen drei Uhr früh.

_____

Afrika

Madagaskar: 2008 hat der Bürgermeister von Madagaskar verboten, Weihnachtsbäume aufzustellen. Der Grund war der magere Waldbestand auf der Insel, der sonst komplett verschwunden wäre.

_____

Äthiopien: Auf Chaha heißt Weihnachten *Bogem h n mh m*. In Äthiopien wird nach dem julianischem Kalender in der Nacht vom 6. auf den 7. Januar gefeiert. Die Gläubigen strömen dann ganz in weiß gekleidet zu Gottesdiensten in die Kirchen. Anschließend gibt es nach einer 43-tägigen Fastenzeit ein Festgelage mit viel Fleisch und scharfen Saucen.

Südafrika: Am Kap strömen die Menschen am zweiten Weihnachtstag an die Strände. Dort picknicken und grillen sie.

Australien und Neuseeland

In diesen beiden englischsprachigen Ländern fällt Weihnachten mitten in den Sommer. In den großen Städten werden große Weihnachtsbäume aufgestellt, so etwa in Sydney am Martin Square oder in Melbourne am Federation Square.

Die Weihnachtsinsel

Die Weihnachtsinsel wurde 1643 von Kapitän William Mynors entdeckt. Sie liegt etwa 350 Kilometer südlich von Java und 2616 Kilometer nordwestlich von Perth. Natürlich wurde sie an Weihnachten entdeckt.

Und es gibt noch eine Weihnachtsinsel. Diese wurde am 24. Dezember 1777 von James Cook entdeckt. Die Crew blieb auf der Insel bis nach Neujahr. Diese kleine Insel liegt im Pazifik.

Eine weitere Christmas Island gibt es noch in Nova Scotia, Kanada. Es handelt sich hier allerdings um eine kanadische Gemeinde und liegt auf dem Festland.

Wer erfand den Weihnachtsmann?

Es hält sich seit Jahren hartnäckig das Gerücht, dass das heutige Aussehen des Weihnachtsmannes eine Erfindung von Coca-Cola ist. Gleich vorneweg: Das stimmt nicht.

Santa Claus war ursprünglich Niederländer und wurde bereits im 17. Jahrhundert erwähnt. Niederländische Auswanderer brachten den Sinterklaas-Brauch schließlich mit nach New York. So weit, so gut – aber wie sieht der Weihnachtsmann aus? Über das Aussehen des Weihnachtsmannes herrschte zwar lange Zeit Uneinigkeit – er war mal jung und schlank, dann war er wieder älter und dicker, mal hatte er einen Bart, dann wieder keinen und sein Mantel war mal grün, mal blau und mal auch rot. Aber Santas Kleidung orientiert sich keineswegs an den Markenfarben von Coca-Cola, sondern am historischen Vorbild. Der Bischof Nikolaus von Myra soll im 4. Jahrhundert nach Christus Wunder gewirkt und heimlich großzügige Geschenke gemacht haben. Sein Gewand: eine rote Bischofsrobe.

Nun zu Coca-Cola: Diese waren nicht einmal der erste Getränkehersteller, der mit einem rot-weiß angezogenen Santa Claus warb. Bereits

1923 ist dieser in einer Anzeige der Brauerei White Rock zu sehen. Auf seinem Schreibtisch steht eine Flasche Mineralwasser. Und natürlich eine Flasche Whiskey.

Gehen wir noch etwas zurück: Eine der ersten Beschreibungen, die der heutigen Form des Weihnachtsmannes ähnelt, stammt aus einem Gedicht des New Yorkers William Gilley. 1821 beschrieb dieser *Santeclaus* als ganz in Fell gekleidet und fahrend auf einem Rentier-Schlitten.

1822 kommt der Weihnachtsmann in »'Twas the night before Christmas (A Visit from St. Nicholas)« von Clement Clarke Moore vor. Hier wurde der Weihnachtsmann als rundlich beschrieben. Auch er war ganz in Fell gekleidet, hatte glitzernde Augen, rosige Bäckchen, eine Nase wie eine Kirsche, einen langen schneeweißen Bart und eine Pfeife. Aber auch in Deutschland finden sich ähnliche Beschreibungen. Im Kinderbuch *Der Struwwelpeter* des Frankfurter Arztes und Psychiaters Heinrich Hoffmann, das 1844 entstand, ist der Weihnachtsmann der heutigen Darstellung sehr ähnlich beschrieben.

Es gibt noch viel mehr solcher Darstellungen. Die heute bekannte Figur des Coca-Cola Santa Claus gibt es seit 1931. Verantwortlich für

sein Aussehen ist der Cartoonist und Grafiker Haddon Sundblom. Er entwarf den freundlichen Gesichtsausdruck und den weißen Bart und kleidete ihn in den Coca-Cola-Farben Rot und Weiß.

Der Ehrenkodex der Weihnachtsmänner

Zur Unterstützung des einzig wahren Weihnachtsmannes haben sich Helfer zusammengefunden, die den Geist der Weihnacht mit sich tragen. Diese Weihnachtsmannhelfer dürfen sich in Vertretung des Weihnachtsmanns »Weihnachtsmann« nennen. Sie halten sich an folgenden Ehrenkodex:

Der Weihnachtsmann mag prinzipiell alle Kinder von 0 bis 100 und älter.

_____

Der Weihnachtsmann strahlt Güte und Harmonie aus.

_____

Der Weihnachtsmann ist großzügig und freundlich zu allen.

_____

Der Weihnachtsmann ist geduldig und ruhig, denn er hat Zeit für jeden.

_____

Der Weihnachtsmann kennt Gedichte, Geschichten und Weihnachtslieder.

_____

Der Weihnachtsmann schafft eine schöne und frohe Stimmung.

_____

Der Weihnachtsmann flucht nie.

_____

Der Weihnachtsmann isst, trinkt und telefoniert nicht im Kostüm und im Beisein von Personen*.

_____

Der Weihnachtsmann raucht nicht im Kostüm.

_____

Der Weihnachtsmann ist stets korrekt gekleidet. Seine Kleidung sieht wie folgt aus:

- rotweißer Mantel oder Jacke aus Samt, Stoff oder Plüsch*
- schwarze oder rote Hose*

- schwarze Stiefel oder festes Schuhwerk*
- rotweiße Mütze oder Kapuze*
- goldenes Buch
- Jutesack
- Bart und Perücke (nur wenn er nicht über ausreichend echten Bart und Haare verfügt, diese sollten aber weiß oder weiß gefärbt sein)
- trägt keine Werbung auf seinem Kostüm

* Mit Ausnahme, der Anlass erfordert etwas anderes.

So wird man zum Nürnberger Christkind

Anfangs wurde das Nürnberger Christkind von einer Schauspielerin dargestellt. Im Jahr 1969 ging man dazu über, das Amt des Nürnberger Christkinds von einer jungen Nürnbergerin übernehmen zu lassen und alle zwei Jahre ein neues Christkind zu wählen. Die jungen Bewerberinnen sollten allerdings einige Voraussetzungen für dieses Ehrenamt mitbringen:

Die Bewerberinnen müssen seit Längerem in Nürnberg wohnen und sollten möglichst in Nürnberg geboren sein,

_____

eine Mindestgröße von 1,60 Meter sowie Schwindelfreiheit und Wetterfestigkeit haben

_____

und zwischen 16 bis 19 Jahre alt sein.

_____

Neben diesen formalen Kriterien sollte das Christkind herzlich sein, offen und belastbar.

Zu den wichtigsten Aufgaben gehört, den Nürnberger Christkindlesmarkt von der Empore der Frauenkirche herab mit dem berühmten Prolog von Friedrich Bröger zu eröffnen. Bröger schrieb ihn im Jahr 1948; er war Chefdramaturg des Theaters und Sohn des Nürnberger Arbeiterdichters Karl Bröger. Das Christkind sollte den Prolog auswendig aufsagen können.

Regelmäßige Besuche des Christkindlesmarkts und der Kinderweihnacht sowie des Sternenhauses stehen ebenfalls auf dem Programm.

Daneben besucht das Christkind Kindergärten, Behinderten- und Seniorenheime, Krankenhäuser und andere caritative Einrichtungen.

Alle zwei Jahre können sich Interessierte beim städtischen Presse- und Informationsamt für die jeweils zweijährige Amtszeit bewerben. Eine Jury aus Vertretern der Medien, von Verbänden und städtischen Stellen

sowie dem Vorjahreschristkind trifft nach Bewerbungsende eine Vorauswahl von zwölf Bewerberinnen, die dann in den Nürnberger Tageszeitungen und im Internet vorgestellt werden. Daraufhin stimmen die Nürnberger ab. Die sechs Bewerberinnen, die es in die Endrunde geschafft haben, müssen sich dann vor einer Jury beweisen.

Knutfest und IKEA

Schon mal vorweg, das Knutfest ist keine Erfindung von IKEA, sondern das gibt es wirklich in Schweden. In Schweden endet die Weihnachtszeit erst mit dem Knutfest, das am 13. Januar stattfindet. Hier plündern die Kinder endlich die Weihnachtsbäume und essen die übrig gebliebenen Süßigkeiten. Danach werden die Tannen aus den Häusern geworfen.

Aber: Es regnet nicht Weihnachtsbäume auf die Straßen und die unter den Fenstern entlang flanierenden Passanten, wie es die Werbung vermuten lässt. Ein Wurf auf die Straße kann nämlich Geldbußen und sogar eine Gefängnisstrafe von bis zu einem Jahr nach sich ziehen. Von daher wirbt die Müllabfuhr Stockholm für die ordnungsgemäße Abgabe der Tannen. Denn die werden nun zu Biokohle umgewandelt.

Warum das Ganze Knutfest heißt? Der 13. Januar ist der Namenstag von Sankt Knut. Der posthum heiliggesprochene dänische Prinz Knut wurde im Januar 1131 von einem Thronfolge-Konkurrenten ermordet. Seit dem 17. Jahrhundert gilt der Knuttag als Endpunkt der Weihnachtszeit. Seitdem heißt es in Schweden: »Knut för julen ut!« (Knut bringt Weihnachten zu Ende).

Wichtige Adressen für den Wunschzettel

Die folgenden Adressen sind für Weihnachten überlebens-
wichtig. Nur hier ist der Wunschzettel oder das Entschuldi-
gungsschreiben, wenn man mal nicht ganz artig war, richtig
aufgehoben. Okay, es schadet nicht, sich als Eltern vielleicht
vorher eine Kopie zu machen, zumindest vom Wunschzettel –
nicht, dass das Ganze am Ende noch auffliegt, wenn plötz-
lich was ganz anderes unter dem Baum liegt, als der Nach-
wuchs auf dem Wunschzettel angegeben hat. Die Deutsche
Post betreibt übrigens sieben Weihnachtspostämter, in denen
Weihnachtsmänner, Christkinder oder Nikoläuse Briefe von
Kindern beantworten.

Adressen vom Weihnachts-mann	Weihnachtspostfiliale, 16798 Himmelpfort Himmelsthür, 31137 Hildesheim
Adressen vom Christkind	51766 Engelskirchen 16798 Himmelpforten 97267 Himmelstadt
Adresse vom Nikolaus	Nikolausplatz, 66351 St. Nikolaus 49681 Nikolausdorf

Wer nun Angst hat, dass in Deutschland nur Ableger von Weihnachtsmann, Christkind und Nikolaus arbeiten, kann seinen Wunschzettel auch etwas näher in Richtung Nordpol schicken:

Finnland	Santa's Main Post Office FIN-96930 NAPAPIIRI oder Joulupukki MAAKUNTAKATU 10 SS-96100 Rovaniemi
Nordpol	Santa Claus Nordpolen Julemandes Postkontor DK-3900 Nuuk
Norwegen	Julenissens Postkontor Torget 4 1440 Drøbak oder Julenissen i Norge Savalen 2500 Tynset
Schweden	Santa Claus Santa World S-Mora – Schweden oder Tomten Tomteboda 173 00

Weihnachtswetter

Wir alle wünschen uns weiße Weihnacht. Für uns muss es im Winter einfach kalt sein (zumindest über Weihnachten), um so richtiges Weihnachtsfeeling zu bekommen. Nur im Kalten macht Glühweintrinken auf dem Weihnachtsmarkt Spaß. Und im Glanze des Schnees glitzern all die Lichter auch viel schöner. Früher hatten wir doch eigentlich immer weiße Weihnacht, oder? Nun, wahrscheinlich nicht ganz …

»Weihnachtstauwetter« ist der Fachbegriff dafür, dass es um Weihnachten wärmer wird. Die Eintreffwahrscheinlichkeit liegt immerhin bei bis zu 70 Prozent. Bei diesem Wetterphänomen strömt mit westlichen bis südwestlichen Winden feucht-milde Luft nach Mitteleuropa. Dies bringt Regenfälle und Temperaturen von bis zu 10 Grad.

Schauen wir uns die Wetterdaten aus Hamburg, Berlin, Köln, Frankfurt am Main und München ab 1950 mal etwas genauer an: Weiße Weihnachten sind ehrlich gesagt eher die Ausnahme. Selbst in München gibt es im Schnitt seit 1950 höchstens alle drei Jahre weiße Weihnachten. In Köln sind weiße Weihnachten schon immer ein sehr seltenes Phänomen gewesen. Zuletzt war es hier 2010 winterlich kalt mit –7,1 Grad Celsius. Ab 2011 gab es eigentlich in ganz Deutsch-

land keinen Schnee mehr am 25. Dezember und es war sehr mild. Wir erinnern uns an das Jahr 2015, als es in der gesamten Bundesrepublik über 10 Grad Celsius hatte, in München sogar fast 15 Grad. Eine so milde Serie gab es zuvor seit 1950 nicht.

Wenn also jemand sagt, früher war mehr Schnee zu Weihnachten, dann kann er sich eigentlich nur an die frühen 1960er-Jahre erinnern (und sollte von nun an vielleicht weniger Glühwein trinken, um auch mal aktuellere Erinnerungen ans Weihnachtswetter zuzulassen). Von 1960 bis 1964 gab es vier kalte Winter hintereinander, teils auch mit weißen Weihnachten.

Zusammengefasst hat es ab 1950 geschlossene Schneedecken in folgender Anzahl gegeben:

- in Hamburg 12-mal
- in Berlin 16-mal
- in Köln 4-mal
- in Frankfurt 11-mal
- in München 25-mal

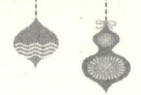

Eine Rettungsgasse für Santa

Der Advent als stille Zeit ist eine besonders schöne Vorstellung – allerdings ist es ein Klischee. Die Realität sieht für die meisten Menschen ganz anders aus. Es ist Stress. Wenn alle Geschenke gekauft und verpackt und die Kühlschränke gefüllt sind – geht die Geduldsprobe richtig los. Das Verkehrschaos. Alle Jahre wieder vor den Feiertagen tobt es auf den Straßen. Und so gibt es auch dieses Jahr wenig zu lachen, wenn Millionen Deutsche zu Verwandten oder in den Skiurlaub aufbrechen. Vorweg Ruhe zu bewahren, hilft. Chris Rea macht es vor und verrät in seinem Klassiker »Driving Home for Christmas« allen, die im Stau stehen: »I take a look at the driver next to me. He's just the same ...« also: Ich schaue zum Fahrer nebenan rüber. Ihm geht's genau wie mir.

Doch wie entsteht eigentlich ein Stau? Die Stauforschung oder auch die »Physik von Transport und Logistik« liefert dazu die Erklärung: Stau ist immer dann, wenn zu viele Autos auf einer Straße unterwegs sind und jemand bremst. Dann gibt es eine Bremswelle, irgendwann steht der Verkehr. Damit wird auch der Unterschied zwischen einer Schlange und einem Stau klar: Beim Stau ist das Hinterteil (oder salopp gesagt: der Arsch) vorne. Kein Stau unterscheidet sich vom anderen. Der ein-

zige Unterschied: Mal gibt es vorne einen Unfall als Entschuldigung für den ersten Bremser, und mal bremst dieser einfach nur so.

Doch in jedem Stau gilt: Immer schön an die Rettungsgasse denken! Und hier noch ein paar Fakten zum Thema weihnachtliche Staus: Studien aus den USA und Kanada bestätigen die Brisanz der Einkaufstage vor Weihnachten. Eine kanadische Studie, bei der 50 Gemeinden über 20 Jahre beobachtet wurden, fand heraus, dass sich im Laufe des gesamten Jahres die meisten Autounfälle am 21., 22. und 23. Dezember ereignen. Schwerpunkt hier sind die großen Einkaufszentren.

Besonders für Fußgänger gilt erhöhte Vorsicht. In Deutschland ist für sie das Risiko, innerorts getötet zu werden, in den Monaten November bis März fast doppelt so hoch wie in anderen Monaten. Die hektische Weihnachtszeit sorgt für zusätzliches Gefahrenpotenzial.

Ein Risikofaktor in der Weihnachtszeit ist auch der Alkohol, der auf betrieblichen Feiern und auf Weihnachtsmärkten häufiger als sonst genossen wird. Hier gilt die Regel: Wer trinkt, fährt nicht. Wer fährt, trinkt nicht. Punkt. In Deutschland erreicht der Anteil der Schwer- und Leicht-

verletzten bei Alkoholunfällen im Monat Dezember den zweithöchsten Wert des Jahres. Spitzenreiter ist übrigens der Faschingsmonat Februar.

In den Bundesländern beginnen die Weihnachtsferien fast alle am gleichen Tag. Deshalb ist Richtung der Skigebiete immer mit Stau zu rechnen. Berufsverkehr herrscht auch noch. Und die Paketzusteller müssen auch noch die letzten Bestellungen ausliefern. Wenn jetzt auch noch das mitspielt gibt es viele Unfälle und der Stau wird noch länger.

Keeeeekse!

»In der Weihnachtsbäckerei ...« – wer kennt diesen Kinder-lied-Ohrwurm nicht? Er zeigt an: Die Plätzchen-Saison ist eröffnet! In den Supermärkten stehen sie schon seit einigen Monaten in den Regalen und gefühlt wird es immer früher: Schokoladen-Weihnachtsmänner, Lebkuchen, Weihnachts-mandeln, Blätterkrokant, Dominosteine ... und natürlich Weihnachtsplätzchen. Was wäre Weihnachten ohne Plätzchen? Besonders das Krümelmonster gerät bei Keksen regelmäßig außer sich, wenn es sie in die Finger bekommt. Diese Plätz-chenvorliebe hatten sogar schon die alten Römer. Eine kleine Klugscheißer-Kulturgeschichte des Kekses und anderes wich-tiges Wissen.

Das Wort »Plätzchen« ist ein Diminutiv des mundartlichen Wortes »Platz«. Hier ist allerdings kein Ort gemeint, sondern die flachen Form. Abgeleitet wurde es aus dem altfranzösischen »place«. Es bedeutet also »flach geformter Kuchen«.

_____

Das Plätzchenbacken wurde vermutlich parallel zum Konsum von Kaf-fee, Tee und Kakao im 18. Jahrhundert in Deutschland entwickelt. Vor allem die Damen der gehobenen Gesellschaft suchten nach einer

Kleinigkeit zu essen, die sie ihren Gästen beim Kaffeekränzchen reichen konnten. Außer Biskuitgebäck wurden auch Formgebäcke, sogenannte Springerle und heute besser bekannt als Spekulatius, zum Kaffeekränzchen gereicht.

Plätzchen waren bis weit in das 19. Jahrhundert hinein Luxus, denn Zucker, Mandeln und Kakao waren sehr teuer. Das änderte sich erst, als es gelang, billigen Zucker aus den heimischen Zuckerrüben zu gewinnen. Ab diesem Zeitpunkt war es möglich, in jedem Haushalt zu backen.

Im Pfefferkuchen ist natürlich kein Pfeffer. Der Begriff Pfefferkuchen stammt aus dem Mittelalter. Die zum Backen benötigten orientalischen Gewürze nannte man damals einfach alle Pfeffer.

In Süddeutschland werden Plätzchen auch Platzerl, Brötle/Bredla, Loible/Loibla oder Guatl/Gutsle/Guatsle genannt. In Mitteldeutschland und Österreich sagt man Kekse, in der Schweiz verwendet man die Begriffe Biscuits, im Dialekt Güetzi, Guetzli und Chrömli.

Keeeeekse!

Es gibt mehr als 20000 verschiedene Sorten von Weihnachtsplätzchen.

Auf dem Nürnberger Christkindlesmarkt sollen 2009 mehr als 5000 verschiedene Sorten Plätzchen angeboten worden sein.

Der erste Christstollen wurde bereits 1329 in Naumburg an der Saale urkundlich erwähnt.

Der berühmte Dresdner Stollen: Früher durfte dieser Name von allen Bäckern frei verwendet werden. Er wurde schließlich Bestandteil des Einigungsvertrags zwischen der Bundesrepublik und der DDR, sodass der Begriff heute eine auch von der EU geschützte geografische Angabe (g. g. A.) ist. Seit 2010 dürfen somit »Dresdner Stollen« nur in Dresden und der näheren Umgebung hergestellt werden.

Der »echte« Dresdner Stollen muss auf 100 Teile Mehl mindestens 50 Teile Butter, 65 Teile Sultaninen, 20 Teile Orangeat oder Zitronat und 15 Teile Mandeln enthalten.

Der Nürnberger Lebkuchen und die Aachener Printen sind wie der Dresdner Stollen ebenfalls geschützte geografische Angaben.

Der Lebkuchen wurde 350 vor Christus erfunden. Unter »Panus mellitus« war ein gewürzter Honigkuchen den Römern bereits bekannt.

Der größte Lebkuchen der Welt wurde am 5. Dezember 2003 in Esslingen hergestellt: eine Nikolausfigur, 10 Meter lang und 4 Meter breit. Benötigt wurden dazu unter anderem 350 Kilogramm Mehl, 180 Kilogramm Sirup und 8 Kilogramm Lebkuchengewürz. Verziert mit Marzipan und Zuckerguss wog das Kunstwerk 650 Kilogramm.

Der längste Lebkuchen der Welt wurde am 18. Dezember 2009 in Ludwigsburg hergestellt: Er maß sagenhafte 1052,30 Meter und war stolze 7 Tonnen schwer. 150 Säcke Mehl, 1700 Kilogramm Honig, 1000 Kilo Walnusskerne, 900 Kilo Haselnüsse und 160 Liter Schwarzwälder Kirschwasser wurden verbacken.

Insgesamt kauft jeder Deutsche (laut Marktforscher Nielsen) jährlich etwa 1,2 Kilogramm Weihnachtsgebäck und gibt dafür im Schnitt 5,74 Euro aus.

Zwischen September und Dezember 2015 lag der Absatz an Weihnachtsgebäck bei rund 97 500 Tonnen. Mit dabei: rund 36 000 Tonnen Lebkuchen und rund 20 000 Tonnen Stollen.

---

450 Gramm Lebkuchen und 250 Gramm Stollen: Das ist die Menge, die jeder Deutsche 2015 in der Weihnachtszeit kaufte.

---

77 Prozent der Deutschen backen in der Vorweihnachtszeit selbst ihre Plätzchen und anderes Weihnachtsgebäck.

Lebkuchen sind das beliebteste Weihnachtsgebäck der Deutschen. 2015 stehen sie mit rund 188 Millionen Euro im Umsatzranking ganz vorne. Auf Platz zwei stehen Stollen, mit einem Umsatz von rund 98 Millionen Euro. Etwa 173 Millionen Euro Umsatz fallen auf alle weiteren Weihnachtsgebäckarten.

Die Top 10 der beliebtesten selbstgebackenen Weihnachtsplätzchen 2018:

1. Ausstechplätzchen oder auch klassische Butterplätzchen (besonders beliebt bei Familien mit Kindern)
2. Vanillekipferl
3. Mürbeteigplätzchen
4. Nussplätzchen
5. Makronen (Hier wird es schon etwas komplizierter.)
6. Spritzgebäck
7. Zimtsterne (eine kleine Herausforderung)
8. Schwarz-Weiß-Gebäck (sicht immer schön aus)
9. Lebkuchen (Diese brauchen auch länger mit der Lagerung.)
10. Anissterne

Und hier kommt ein kleiner Bonus. Die Konditoren der Queen haben die beiden Lieblingsplätzchen-Rezepte der Queen veröffentlicht.

Nr. 1: Gingerbread Biscuit (Lebkuchen)

Für 10 Stückchen

Zutaten:

200 g Mehl
1 TL Backpulver
1 TL gemahlener Ingwer
1 TL Lebkuchengewürz

100 g ungesalzene Butter, kalt
45 ml Milch
25 g Kristallzucker zum Bestäuben
Zuckerguss zum Dekorieren

Zubereitung:

- Mehl und Gewürze zusammen sieben, Butterwürfel hinzufügen und kneten. Milch hinzufügen und zu einem festen Teig weiter kneten. Den Teig einwickeln und mindestens 2 Stunden ruhen lassen (am besten über Nacht).

- Den Backofen auf 180 °C (Umluft) vorheizen und ein Backblech mit Backpapier auslegen und mit dem Kristallzucker bestreuen.

- Den Teig ungefähr 3 mm dick ausrollen. Formen ausstechen und auf das Backblech legen. (Bei der Queen sind es übrigens meistens Runde Ausstecher.) Etwa 15 Minuten backen.

- Die Lebkuchen gut auskühlen lassen und dann verzieren.

Nr. 2: Zimtsterne

Für ca. 60 Stückchen

Zutaten:

360 g Puderzucker	115 g Orangeat und Zitronat
85 g Eiweiß	½ Zitrone, davon die Zesten
20 g Zitronensaft	12 g gemahlener Zimt
300 g gemahlene Mandeln	¼ TL gemahlene Nelken

Zubereitung:

- Puderzucker, Eiweiß und Zitronensaft zu einem weichen Baiser schlagen. Ein Drittel der Masse beiseitestellen (damit werden die Sterne später bestrichen).

- Alle restlichen Zutaten zum größeren Teil des Baisers geben und zu einer teigartigen Textur verarbeiten. Den Teig mit den Händen zusammenkneten und auf ein mit Backpapier ausgekleidetes Backblech oder Brett legen. Anschließend ein Blatt Backpapier darauflegen und den Teig dazwischen auf eine Dicke von ca. 1 cm ausrollen. Papier von der Oberseite entfernen und eine dünne Schicht Baiser auf dem Teig verteilen, und zwar so glatt wie möglich.
Den ausgerollten Teig für mindestens 1 Stunde in den Kühlschrank stellen.

- Den Backofen auf 160 °C (Unterhitze) vorheizen.

- Anschließend Formen ausstechen oder den Teig schneiden. Da der Teig danach nicht wieder zusammengemengt und ausgerollt werden kann, muss hier sparsam vorgegangen werden. Das Messer oder den Ausstecher immer wieder in heißes Wasser tauchen, dann bleibt der Teig daran nicht hängen.

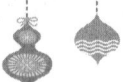

- Etwa 12-15 Minuten backen. Am besten nur bei unterer Hitze backen, damit die Oberseite weiß bleibt und sich nicht verfärbt. Die Zimtsterne sind fertig, wenn sie sich vom Backpapier nehmen lassen, aber immer noch weich und klebrig sind.

- Etwa 30 Minuten abkühlen lassen, dann alle Zimtsterne vom Backblech nehmen. In einem luftdichten Behälter lassen sie sich bis zu 2 Monate aufbewahren.

Kulinarisches Weihnachtswissen

Plätzchen sind an Weihnachten nicht alles. Das Weihnachtsmenü verdient ehrlich gesagt diesen Namen gar nicht. Kartoffelsalat und Würstchen erinnern eher an einen Grillabend im Sommer und nicht an ein Festmahl. Aber es gibt ja noch andere Vorlieben an Weihnachten.

Die Top-Weihnachtsmenüs der Deutschen sind die folgenden:

Bei den meisten kommt einfach Würstchen mit Kartoffelsalat auf den Tisch (35 Prozent).

- 25 Prozent servieren eine Ente.
- 22 Prozent bereiten eine Gans als Weihnachtsessen vor.
- 19 Prozent ziehen Silvester vor und machen Raclette.
- Und bei 13 Prozent gibt es Fondue als Weihnachtsessen.

Es gibt auch regionale Unterschiede, welches Gericht zu Weihnachten auf den Tisch kommt. Laut einer Umfrage sind Kartoffelsalat und Würstchen als Weihnachtsessen in Ostdeutschland deutlich populärer als

in Westdeutschland. Demzufolge kommt bei insgesamt 59 Prozent der Befragten in den neuen Bundesländern dieses Traditionsgericht auf den Tisch. Dagegen nur bei 23 Prozent in den alten Bundesländern. Umgekehrt geben in den westdeutschen Bundesländern 30 Prozent an, an Weihnachten betrunken zu sein; in Ostdeutschland sind es nur 18 Prozent.

Für das Weihnachtsessen geben die Deutschen pro Haushalt im Schnitt 224 Euro aus. (Das müssen dann wohl Luxus-Bio-Würstchen sein).

Europaweit liegt das Budget für Lebensmittel zum Weihnachtsschmaus bei durchschnittlich 116 Euro.

Verspeist werden an Weihnachten unter anderem etwa 46 000 Tonnen Gänsefleisch und 24 000 Tonnen Walnüsse (diese gehen auch für Gebäck drauf).

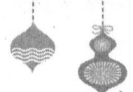 
Für 42 Prozent der Männer ist gutes Essen an Weihnachten sehr wichtig; bei den Frauen sind es nur bescheidene 24 Prozent.

Und nun noch Wissenswertes zum süßesten Traummann aller Frauen: dem Schokoladenweihnachtsmann. Er entstand um 1820. Die ersten gefertigten Nikolausfiguren waren aus massiver Schokolade im Bischofsornat mit Mitra und Stab. Erst etwa 20 Jahre später wurden sie erstmals in der heute gewohnten Form als Hohlkörper hergestellt. Die flüssige Schokolade wird zwischen die zwei Hälften der Form gebracht und im Schleudergussverfahren so lange gedreht, bis sich die Schokolade gleichmäßig verteilt hat und erkaltet ist. Die Form der Figur wechselte mit der Zeit vom Bischof mit Mitra und Stab zur Weihnachtsmannfigur mit Zipfelmütze. In Österreich sind nach wie vor Schokoladennikolaus und sogar Schokoladenkrampus üblich. Der Schokoladenweihnachtsmann liegt von den Produktionszahlen her übrigens nur an zweiter Stelle hinter dem Schokoladenosterhasen.

Macht Weihnachten krank?

Zu Weihnachten wird geschlemmt: Es wird Plätzchenteig genascht, Glühwein en masse getrunken und fettiges Zeug vertilgt. Gleichzeitig ist Weihnachten für viele der pure Stress: Geschenke müssen organisiert werden, die Verwandtschaft ist im Haus und alle Erwartungen müssen erfüllt werden. Meist macht man sich den Stress selbst, da man die Latte zu hochlegt und jedes Weihnachten toppen möchte. So wirklich gesundheitlich unbedenklich ist das alles wohl nicht ...

Laut einer Statistik aus den USA ist Heiligabend einer der sterbereichsten Tage im Jahr. An diesem Tag gibt es etwa 12 Prozent mehr Todesfälle als im restlichen Jahr. Gründe hierfür sind unter anderem das besonders fettige Essen in der Weihnachtszeit und die geringere Bereitschaft von vielen Menschen, über Weihnachten in ein Krankenhaus zu gehen, obwohl dies dringend notwendig wäre.

An Heiligabend zählte man in Schweden im Schnitt 69 Herzinfarkte. Grundlage waren hier die Daten aus dem schwedischen »Herz-Register« von 1998 bis 2013. Die meisten davon ereigneten sich gegen 22 Uhr zur Bescherung oder beim Essen. An anderen Tagen im Jahr

werden laut einer Studie, die das *British Medical Journal* veröffentlicht hat, dagegen nur 50 Fälle registriert.

Auch in Spanien schlägt Weihnachten aufs Herz. Die spanische Herzstiftung FEC registriert jährlich ebenfalls erhöhte Herzinfarktzahlen am 25. und 26. Dezember sowie am 1. Januar. Das sind 5 bis 8 Prozent mehr Herzinfarkte als im November.

Und in Deutschland? Konkrete Zahlen von Herzinfarkten zu Weihnachten gibt es in Deutschland derzeit nicht.

Wie viele Extrakilos wir uns zwischen Anfang Dezember und Anfang Januar anfuttern, schwankt von Studie zu Studie. Die britische Dietetic Association rechnet damit, dass Engländer während der Adventszeit im Schnitt 500 Kilokalorien pro Tag zu viel konsumieren. Am 25. Dezember kommen zusätzliche 6000 Kilokalorien obendrauf (das sind rund 0,7 Kilogramm). Andere Studien kommen auf gemäßigtere Ergebnisse. Je nach Zusammensetzung von Befragungsgruppe und Land schwankt die Gewichtszunahme zwischen Anfang Dezember und Anfang Januar insgesamt zwischen 0,2 und 0,9 Kilogramm pro Person. Die Studie

des amerikanischen National Institute of Health kommt auf im Schnitt 370 Gramm Gewichtszunahme in der Weihnachtszeit.

Eine Umfrage in Großbritannien brachte ans Licht, dass vor allem Hausfrauen die Zeit vor Weihnachten in erster Linie als Stress empfinden. Die Ursache dafür sind die 288 Stunden Arbeit, die sie nach eigenen Angaben in die Vorbereitung des Fests investieren. Die meiste Zeit brauchen sie für den Einkauf von Geschenken und Lebensmitteln.

Nach Weihnachten registrieren die Stellen für Familienberatung für gewöhnlich einen Ansturm von Scheidungswilligen oder psychisch angeschlagenen Familienmitgliedern.

Ein weitverbreiteter Volksglaube besagt, dass zur Weihnachtszeit die Zahl der Selbstmorde steigt. Für Japan mag das stimmen: Laut einer Analyse, die den Zeitraum von 1979 bis 1994 umfasst, lag die Selbstmordrate dort vor den Feiertagen am niedrigsten und stieg nach Weihnachten auf ein Rekordniveau. Doch in westlichen Kulturen scheinen die Feiertage weniger Grund zum Suizid zu sein. Laut US-amerikanischen und irischen Studien gibt es keinen Zusammenhang zwischen der Weihnachtszeit und der Selbstmordrate. Nach ihren An-

gaben bringen sich im Frühling und Sommer sogar mehr Menschen um als im Winter: Finnland zählt im Herbst die höchste Selbstmordrate, Ungarn im Sommer, Indien im April und Mai. Wenn man sich die Statistik in Deutschland anschaut, ist im Dezember die Selbstmordrate am geringsten. Im Frühling und Sommer steigen die Zahlen.

Alle Fakten rund um den Weihnachtsbaum

Wie Opa Hoppenstedt im Loriot-Sketch schon sagte: »Früher war mehr Lametta!« Er hatte damals schon recht, denn die Lametta-Produktion ist in Deutschland in den vergangenen Jahren um fast 70 Prozent zurückgegangen. Na ja, eigentlich nutzt man Lametta heute so gut wie gar nicht mehr, und auch im IKEA-Weihnachtssortiment ist es nicht vorhanden. Da sich aber bekanntlich jeder Trend wiederholt, wird vielleicht auch Lametta in zehn Jahren wieder chic. Das Wort leitet sich übrigens vom italienischen »Lama« ab, was Metallblatt bedeutet. Und wer sich schon immer gefragt hat, wieso Lametta überhaupt je am Baum hing: Die Glitzerfäden sollen Eiszapfen darstellen. Der Weihnachtsbaum steht aber mit oder ohne Lametta noch immer zu Weihnachten im Mittelpunkt. Hier kommen alle wichtigen Weihnachtsbaum-Fakten.

Wo kommt der Christbaum eigentlich her? So ganz klar gibt es hier keine Antwort. Hier haben wohl diverse Kulturen ihr Händchen am Werk. Lorbeer- und Tannenzweige wurden schon bei den Römern zum Jahreswechsel angebracht. Diese sollten gegen Krankheit oder böse Geister schützen. Das Behängen der Weihnachtsbäume mit Äp-

feln hat ebenfalls eine lange Tradition – dies soll an den Sündenfall und die Befreiung des Menschen von der Erbsünde erinnern. Die erste wirkliche Erwähnung des Christbaums stammt aus dem Jahr 1419. Die Freiburger Bäckerschaft hatte sozusagen den ersten Christbaum mit Leckereien, Früchten und Nüssen behängt, den die Kinder an Neujahr plündern durften. 1775 führte Johann Wolfgang von Goethe sogar den Weihnachtsbaum am Hofe zu Weimar ein. Und so kam der Weihnachtsbaum über den Adel auch in das Volk und wurde zum Brauch, obwohl er lange Zeit als heidnischer Brauch von der katholischen Kirche abgelehnt wurde.

―――――――――

Laut Holzindustrieverband ist der durchschnittliche Weihnachtsbaum 1,68 Meter hoch.

―――――――――

An einer 1,63 Meter hohen Nordmanntanne hängen 178 333 Nadeln. 2008 hat die WDR-Wissenssendung *Quarks & Co.* die Nadeln nachgezählt.

―――――――――

Eine typische Weihnachtsbaumkerze brennt anderthalb bis zwei Stunden.

 ―――――――――

Zwischen 23 und 25 Millionen Weihnachtsbäume stehen jedes Jahr in deutschen Wohnzimmern.

---

80 Prozent der privaten Haushalte mit mehr als drei Personen stellen einen Weihnachtsbaum auf und schmücken ihn.

Der Trend nach Regionalität verstärkt sich auch bei Weihnachtsbäumen: 30 Prozent der Bäume werden direkt bei landwirtschaftlichen Betrieben gekauft oder geschlagen, weitere 30 Prozent im Straßenhandel und der Rest in Supermärkten sowie in Garten- und Baumärkten.

Klicken statt schleppen: Jeder Zehnte kauft seinen Weihnachtsbaum bereits im Netz (BITKOM-Umfrage 2019). Das Angebot dazu wird auch immer umfangreicher und komfortabler. Inzwischen kann sogar ein nach Wunsch geschmückter Baum geordert werden.

---

10 bis 12 Prozent der Weihnachtsbäume werden bereits nachhaltig im Topf gekauft.

Die Nordmanntanne ist mit 75 Prozent deutlich der beliebteste Baum zur Weihnachtszeit. Die Blaufichte folgt mit 15 Prozent und sonstige Fichten mit 7 Prozent. Die Edeltanne bildet mit 3 Prozent das Schlusslicht der Rangliste.

---

90 Prozent der Weihnachtsbäume stammen aus Deutschland.

Zwei Millionen Bäume werden jährlich nach Deutschland importiert, um den Bedarf an Weihnachtsbäumen zu decken.

Dänemark ist das wichtigste Exportland für Weihnachtsbäume. Besonders die großen Bäume mit 4 bis 4,50 Meter Höhe kommen aus Dänemark.

Deutschland exportiert insgesamt etwa eine Million Weihnachtsbäume, vor allem in die Schweiz, Frankreich, Österreich und Polen.

Geerntet, also geschlagen werden die Bäume im Alter von acht bis zwölf Jahren.

Für Deutschland schwanken die Angaben für die Anbaufläche von Weihnachtsbäumen zwischen 30 000 und 50 000 Hektar. Nordrhein-Westfalen steht mit 18 000 Hektar bundesweit auf Platz 1. Das Sauerland folgt mit 12 500 Hektar. Zusammen mit Schleswig-Holstein und Niedersachsen werden hier etwa zwei Drittel der deutschen Bäume produziert. Aber auch in Bayern und Rheinland-Pfalz gibt es kleinere Anbaugebiete.

Europaweit gibt es insgesamt 120 000 Hektar Anbaufläche für Weihnachtsbäume.

Seit 2007 findet die Weltmeisterschaft im Weihnachtsbaumwerfen im pfälzischen Weidenthal statt.

Der größte Weihnachtsbaum der Welt steht am Hansaplatz in Dortmund. Er ist rund 45 Meter hoch, wiegt 40 Tonnen und ist zusammen-

gebaut aus 1700 Fichten aus dem Sauerland. Er ist dekoriert mit mehr als 48 000 Lichtern und einem 200 Kilo schweren Engel auf der Spitze.

Christbäume haben jede Menge Durst. Ein etwa 2 Meter hohes Exemplar braucht bis zu 2 Liter Wasser am Tag.

Die indischen Christen haben als Weihnachtsbaum Palmen, Bananenstauden oder Mangobäume.

Ein Christbaum in der Wohnung hält etwa zwei Wochen.

Das wohl bekannteste Lied über unseren Weihnachtsbaum, in dem es heißt: »O Tannenbaum, o Tannenbaum, wie treu sind deine Blätter?« wurde um 1824 von Ernst Anschütz geschrieben.

Das Ende der Weihnachtszeit wird offiziell am 2. Februar mit Maria Lichtmess gefeiert. Spätestens dann verschwinden die letzten Christ-

bäume aus den Wohnzimmern, meistens aber schon am 6. Januar zu den Heiligen drei Königen.

Nur noch 12 Prozent der Deutschen schmücken ihren Baum mit echten Kerzen. Das belegen auch die Produktionszahlen. Etwa 72 000 Tonnen Kerzen im Wert von rund 164 Millionen Euro wurden 2018 laut EU-Statistikamt in Deutschland hergestellt. Fünf Jahre zuvor waren es noch etwa 125 000 Tonnen.

Der laufende Meter Nordmanntanne kostete 2019 zwischen 16 und 22 Euro – keine Preissteigerung zum Vorjahr.

Ausgerechnet eine Deutsche brachte den Christbaum im Jahr 1846 nach England: Queen Charlotte, die Gattin von König George III.

---

84 Prozent aller Haushalte mit Kindern kaufen zu Weihnachten einen Baum. Bei den Alleinstehenden ist es nur jeder Zweite.

In rund 5 Prozent der deutschen Haushalte steht eine Kunsttanne.

Es gibt sogar den Bundesverband der Weihnachtsbaum- und Schnittgrünerzeuger in Deutschland e. V., ein Verband mit dem Ziel, die gesamte Weihnachtsbaumbranche zu stärken. Der Verband vergibt auch ein Ehrenamt: Laura Stegemann aus Steinfurt ist die fünfte deutsche Weihnachtsbaumkönigin für die Saisons 2019 bis 2021. Für diese Zeit vertritt sie die Weihnachtsbaumbranche und den natürlichen Weihnachtsbaum.

Dass das deutsche Steuerrecht kompliziert ist, wissen wir alle. Ein Christbaum hat ganze fünf Steuersätze. Diese richten sich danach, was für ein Baum gekauft wurde, wo und bei wem:

- Wenn der Baum aus Plastik ist, dann werden 19 Prozent Mehrwertsteuer fällig.
- Ist der Baum zufällig im Wald gewachsen, also nicht in einem Anbaugebiet, kommen nur 5,5 Prozent Mehrwertsteuer drauf.
- Ist der Baum aus einem Anbaugebiet, fallen 10,7 Prozent Steuer an.
- Bei einem Händler (z. B. beim Supermarkt) sind nur 7 Prozent Mehrwertsteuer fällig.
- Verkauft aber ein Bauer einen Weihnachtsbaum selbst, wird's richtig kompliziert: Zunächst muss klar sein, ob es sich bei ihm um einen

pauschalierenden Landwirt oder einen Optionsbauern handelt. Was genau das heißt, kann jeder selbst googeln. In Zahlen bedeutet das allerdings: Bei selbst angepflanzten Bäumen nimmt der Bauer 10,7 Prozent, bei forstwirtschaftlichen 5,5 und bei nicht selbst angepflanzten Bäumen auch 10,7 Prozent – allerdings nur solange der Weihnachtsbaumverkauf nicht mehr als 20 Prozent des Gesamtumsatzes des Hofladens ausmacht.

Musikalisches Weihnachten

Sie kennen das Szenario: »Jetzt singen wir aber noch ein Weihnachtslied – und dann erst ist Bescherung. Alle rollen die Augen. Kinder, die Musikinstrumente spielen, haben schon seit Wochen Weihnachtslieder geübt. Dann beginnt die endlose Suche nach den richtigen Tönen. In verschiedensten Oktaven wird »Stille Nacht, heilige Nacht« (oder ein anderes Weihnachtslied) von den einen voller Inbrunst geschmettert, die anderen verstecken sich lieber mit eher geflüsterten Tönen hinter allen anderen ...

Die ersten religiösen Weihnachtslieder entstanden wohl im Mittelalter und wurden in den Gottesdiensten gesungen. Im Familienkreis singt man erst seit dem 18. Jahrhundert. Ab diesem Zeitpunkt entstanden auch viele weitere Weihnachtslieder. Die ersten nicht christlichen Weihnachtslieder, wie »O Tannenbaum«, entstanden erst im 19. Jahrhundert. Heute haben es Weihnachtslieder sogar bis in die Popmusik geschafft: Weihnachten ohne Wham! ist fast nicht mehr denkbar.

»Stille Nacht, heilige Nacht« wurde 1818 erstmals aufgeführt und stammt aus Österreich. Mittlerweile ist es in etwa 320 Sprachen und Dialekte übersetzt.

»Jingle Bells« wurde ursprünglich gar nicht für Weihnachten geschrieben, sondern für Thanksgiving.

———————————

Der Song »All I Want for Christmas Is You« von Mariah Carey ist das meistgespielte Weihnachtslied beim Streamingdienst Spotify. Über 520 Millionen Mal wurde es bis Weihnachten 2019 weltweit abgespielt. Es gibt mehr als 1000 Cover-Versionen von dem Lied und es ist auf 12 Millionen Playlists auf Spotify zu finden.

———————————

Wham! mit »Last Christmas« hat dem gegenüber nur schlappe 489 Millionen Aufrufe. Dennoch ist es bei den Radiostationen gar nicht mehr wegzudenken in der Weihnachtszeit. Zudem ist der Song seit 1996 jedes Jahr in den deutschen Charts vertreten.

———————————

Die meistverkaufte Single aller Zeiten mit etwa 50 Millionen verkauften Platten ist »White Christmas« von Bing Crosby aus dem Jahr 1947.

———————————

Weihnachtszahlen und -statistiken

Traue keiner Statistik, die du nicht selbst gefälscht hast! Aber bei diesen Zahlen muss man nicht fälschen, um bei der Familie zu punkten.

Egal ob Christkind oder Weihnachtsmann, beide haben am Weihnachtsabend extrem viel zu tun: Etwa zwei Milliarden Kinder unter 16 gibt es auf der Welt. Wenn alle nicht christlichen Kinder rausgerechnet werden, kommt man noch immer auf 500 Millionen Kinder, die am 24. Dezember beschenkt werden wollen. Wenn man weiter davon ausgeht, dass alle Haushalte gleichmäßig auf der Welt verteilt sind (was sie natürlich nicht sind), müsste der Weihnachtsmann bzw. das Christkind mit einer Geschwindigkeit um den Erdball rasen, die 9700-mal schneller ist als der Schall, um jedes Kind zu erreichen. Im Vergleich: Ein gewöhnliches Rentier schafft höchstens 24 Kilometer pro Stunde. Aber zum Glück sind Dancer, Dasher, Prancer, Vixen, Comet, Cupid, Donner, Blitz und Rudolph keine gewöhnlichen Rentiere! Und das Christkind ist eh mit ein paar Engeln unterwegs.

Rechnen wir noch weiter: Gehen wir von einem weltweiten Durchschnitt von zweieinhalb Kindern pro Haushalt aus, macht das 200 Millionen Haushalte, die an diesem Tag abgeklappert werden müssen. Vorausgesetzt, man ist 9700-mal schneller als der Schall und reist von Ost nach West, dann macht das, wenn man die unterschiedlichen Zeitzonen ausnutzt und eine 31-Stunden-Schicht annimmt, fast 1800 Haushalte pro Sekunde.

Dazu kommt: Angenommen, jedes Kind würde sich mit einem kleinen Päckchen von 1 Kilogramm begnügen, dann macht das bei 500 Millionen Kindern immer noch 500 000 Tonnen, die transportiert werden wollen. Etwas stressig also dieser Tag für den Weihnachtsmann oder das Christkind. Aber dafür haben die zwei ja auch 364 Tage Urlaub im Jahr.

Jeder hat im Schnitt fünf Personen zu beschenken: Mama, Papa, Partner/Partnerin, Oma, Opa, Geschwister, Kind ...

Europaweit gesehen sind die beliebtesten Geschenke, die Männer machen, Bücher, Bargeld und Gutscheine. Frauen schenken gerne

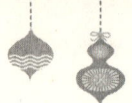 

Süßigkeiten, Gutscheine und Bücher. Da unterscheiden sich die Geschlechter ausnahmsweise fast einmal gar nicht.

Die meisten Menschen beginnen bereits im November oder sogar vorher mit dem Kauf der Weihnachtsgeschenke. Die wenigsten gehen erst im Dezember auf die Suche.

Am 24. Dezember haben etwa 38 600 Menschen Geburtstag – die sogenannten Christkinder.

Wenn man sich die Ergebnisse des europaweiten Deloitte Christmas Survey 2019 ansieht, kaufen die Verbraucher die meisten Geschenke im stationären Handel. (Ob das 2020 auch mit Corona so bleibt, werden wir sehen.) Im Durchschnitt geben die Haushalte 217 Euro für Weihnachtsgeschenke aus.

Aber auch Ernst & Young haben eine deutschlandweite Studie (mit 1000 Teilnehmern) zu Geschenkeplänen 2019 gestartet. Demnach geben die Bundesbürger etwas mehr als die europaweite Studie für

Weihnachtsgeschenke aus, nämlich 281 Euro. Über die Hälfte der Befragten (54 Prozent) kaufen ihre Weihnachtsgeschenke lieber im Einzelhandel als im Internet.

Während des Weihnachtsgeschäfts (dazu zählen die Monate November und Dezember) gaben Kunden im Jahr 2019 rund 101,9 Milliarden Euro im deutschen Einzelhandel aus. Im Gesamten Jahr 2019 lag der gesamte Einzelhandelsumsatz bei rund 543,6 Milliarden Euro.

Zwar geben viele Leute an, lieber stationär einkaufen zu gehen, die Zahlen sagen aber etwas anderes. Allein die DHL hat 2018 nach eigenen Angaben an einem normalen Werktag durchschnittlich etwa fünf Millionen Pakete ausgeliefert. Umgerechnet macht das auf den Tag fast 58 Pakete in der Sekunde. In den Wochen vor Weihnachten waren es deutlich mehr. Höhepunkt war der 18. Dezember 2018 – elf Millionen Pakete waren es da. Also etwa 128 pro Sekunde.

Weihnachten online

Google, dein Freund und Helfer: Die Suchmaschine weiß immer Rat, wenn es um Öffnungszeiten, Routen, die besten Rezepte aus aller Welt oder die Urlaubssuche geht. Sie hat Lösungsvorschläge für die meisten Anfragen, aber manchmal ist Google auch keine verlässliche Quelle. Hier kommen die meisten Suchanfragen zur Weihnachtszeit.

»Warum feiern wir Weihnachten?« ist eine der meist gestellten Fragen rund um Weihnachten. Das lässt sich noch relativ leicht erklären – es wird einige Websites geben, die darauf antworten.

———————————

Die Frage »Seit wann wird Weihnachten gefeiert?« ist tatsächlich schon schwieriger. Google verweist hier auf Wikipedia und es gibt nur eine schwammige Antwort.

———————————

»Wer hat Weihnachten erfunden?« ist auch ganz weit vorne in der Liste der beliebten Fragen. Spoiler: Es waren nicht die Schweizer. (Falls jemand noch die Ricola-Werbung kennt.)

———————————

»Woher kommt der Weihnachtsbaum?« Das hatten wir ja schon im Kapitel »Alle Fakten rund um den Weihnachtsbaum« geklärt.

»Was bedeutet Weihnachten?« ist die philosophische Frage zu Weihnachten. Google kann hier ehrlich gesagt wenig helfen. Weihnachten hat ja auch immer eine persönliche Bedeutung. Vielleicht sollte man die Antwort auf diese Frage also lieber in sich selbst suchen.

Die Weihnachtreisenden googeln auch gerne: »Wo ist es Weihnachten warm?«

Hier kommt noch die Hitliste der Google-Suchanfragen nach Weihnachtsfilmen 2019.

- *Kevin – Allein zu Haus* (138 090 monatliche Google-Suchanfragen)
- *Der Grinch* (116 440 monatliche Google-Suchanfragen)
- *Gremlins* (78 650 monatliche Google-Suchanfragen)
- *Der kleine Lord* (78 620 monatliche Google-Suchanfragen)
- *Drei Haselnüsse für Aschenbrödel* (77 860 monatliche Google-Suchanfragen)

- *The Nightmare before Christmas* (54 720 monatliche Google-Suchanfragen)
- *Die Eiskönigin* (48 320 monatliche Google-Suchanfragen)
- *Schöne Bescherung* (45 600 monatliche Google-Suchanfragen)
- *Charlie und die Schokoladenfabrik* (45 070 monatliche Google-Suchanfragen)
- *Tatsächlich … Liebe* (44 380 monatliche Google-Suchanfragen)

Übrigens: Auf Facebook werden zu Weihnachten 28 Prozent mehr Fotos und Videos mit dem Handy hochgeladen als sonst im Jahr.

Historisches Weihnachten

Und nun einmal Butter bei die Fische: Wo genau liegt der Ursprung von Weihnachten? Wurde Jesus wirklich in einem Stall geboren? Wer hat das Christkind erfunden? Beleuchten wir die Geschichte mit Besserwisser-Fakten.

Der Reformator Martin Luther soll höchstpersönlich das Christkind erfunden haben. Sozusagen als evangelisches Gegenstück zu Sankt Nikolaus, der von den Katholiken als Heiliger verehrt wird. Das scheint er so überzeugend gemacht zu haben, dass vor allem im katholischen Süden heute noch das Christkind kommt.

Jesus wurde nicht in einem Stall geboren, wie unsere aufgestellten Krippen suggerieren – es war eine Höhle. Auch werden Ochs und Esel in der Weihnachtsgeschichte in der Bibel nicht erwähnt.

Die Adventszeit war früher eine Fastenzeit.

Der 24./25. Dezember ist nicht der Geburtstag von Jesus. Der Ursprung von Weihnachten liegt im Fest der Wintersonnenwende und bei anderen religiösen Festen. Im vorderasiatischen Raum feierte man die Geburt des indischen Lichtgottes Mithras, die Ägypter feierten die Geburt des Horus mit dem Isiskult. Die Römer feierten Feste zu Ehren des Gottes Saturn sowie seiner Gemahlin Ops am Tag Sol Invictus, am Tag des unbesiegbaren Gottes. Und es gab um das Datum auch heidnische Bräuche der Germanen wie das Jul-Fest, was in skandinavischen Sprachen heute noch Weihnachten bedeutet. Wahrscheinlich verbreitete sich von Rom aus um 385 nach Christus die Feier zur Geburt Jesus.

———————

An welchem Tag Jesus tatsächlich geboren wurde, ist bis heute unklar. Es gibt lediglich Interpretationen von Bibelpassagen. So bezieht man sich in einer darauf, dass in der Zeit, als Jesus geboren wurde, eine Volkszählung stattfand. Solche Volkszählungen wurden historisch gesehen in der Zeit nach der Ernte, also im September oder Oktober durchgeführt. Also könnte ein möglicher Geburtstag im Herbst liegen. Andere Wissenschaftler gehen von anderen Daten aus. Die frühen Christen feierten nicht die Geburtstage, sondern die Todestage bzw. die »Geburt im Himmel«. Die Evangelisten Matthäus, Markus, Lukas und Johannes geben zwar sehr konkrete Angaben über den Todestag Christi sowie den Zeitpunkt seiner Auferstehung – mehr aber auch nicht. Lukas und Matthäus geben noch an, dass Jesus unter der Herrschaft des römischen Klientelkönigs Herodes des Großen (Herrscher von Ju-

däa, Galiläa und Samaria) geboren wurde. Konkreter wird es aber nicht. Man könnte noch mutmaßen, dass der Hinweis von Lukas, dass die Hirten auf den Feldern waren, die Monate November bis Februar ausschließen, da es in Betlehem ziemlich kalt ist im Winter. Ein Astrophysiker weiß es angeblich doch ganz genau: Ihm zufolge ist der 15. März 7 vor Christus zwischen 4.30 und 5 Uhr der Tag der Tage. Dies schließt er aus den Beobachtungen der Sterne. Nach den Recherchen des Astrophysikers war der Weihnachtsstern eine seltene Planetenkonstellation (eine Konjunktion von Jupiter und Saturn im Sternbild Fische). Die zwei Planeten kamen sich dabei so nahe, dass sie wie ein großer leuchtender Stern – der Weihnachtsstern aussahen. Diese Konstellation kommt nur etwa alle zweihundert Jahre vor.

Die Tradition von Orangen und Mandarinen zu Nikolaus stammt von französischen Nonnen aus dem 12. Jahrhundert. Sie verteilten diese an die Armen.

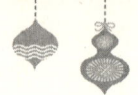

Die größten Weihnachtshasser

Kaum zu glauben, aber nicht jeder mag Weihnachten. Manchen ist es ein Gräuel: zu viel Stress, Kommerz und Tamtam. Auch religiöse Eiferer fanden das Fest der Liebe doof und verboten es zeitweise sogar. In manchen Regionen der Erde ist es bis heute verboten. Doch wer sind sie, die Weihnachtshasser?

Zunächst haben wir da den alten, grünen Weihnachtshasser Grinch, eine Kreatur mit grünem Fell, die in einer Berghöhle lebt. Er mag aufgrund der schlechten Erfahrungen in der Kindheit Weihnachten nicht. Deswegen stiehlt er in der Verkleidung des Weihnachtsmanns die Geschenke der Bewohner des Nachbarorts Whoville. Okay, am Ende der Geschichte ist er mit Weihnachten versöhnt. Ähnlich wie der zweite große Weihnachtshasser: Scrooge nach Charles Dickens' Erzählung *A Christmas Carol*.

Am 25. Dezember 1644 verbot das englische Parlament Weihnachtsfeierlichkeiten. Ja, genau, in England wurde eine kurze Zeit Weihnachten von den Puritanern verboten. Die Puritaner waren der Ansicht,

Weihnachten sei in Wirklichkeit ein heidnisches Fest, und ließen deshalb die Kirchen zu Weihnachten schließen. Abgesehen davon, argumentierten sie, sei das Geburtsdatum Jesu in den Schriften der Bibel nicht genannt. Die Bevölkerung feierte das Fest heimlich weiter.

1659 wurde auch in Massachusetts ein Gesetz verabschiedet, das das Feiern von Weihnachten unter Strafe stellte. Dieses Weihnachtsverbot war auf den Einfluss anglo-amerikanischer Puritaner zurückzuführen (die schon wieder!), die das Weihnachtsfest noch immer als »unbiblisch« ansahen. Das Weihnachtsverbot in Massachusetts musste 1681 auf Druck der englischen Regierung wieder aufgehoben werden. Aber erst 1856 wurde Weihnachten ein staatlicher Feiertag in den Vereinigten Staaten.

Bis ins 19. Jahrhundert hinein lehnten die in Neuengland lebenden Unitarier das Feiern von Weihnachten ab.

Auch die Quäker feiern offiziell keine Weihnachtsfeste. Nicht nur Weihnachten, sondern auch andere christliche Feiertage werden von traditionellen Quäkern abgelehnt.

Das Bezirksamt Friedrichshain-Kreuzberg in Berlin erlaubte 2013 keine Ramadan- und Weihnachtsfeste mehr auf öffentlichen Straßen und Plätzen. Der öffentliche Druck wurde daraufhin aber so groß, dass die Stadtverwaltung sich gezwungen sah, alles wieder zurückzunehmen.

In drei Ländern ist Weihnachten offiziell ganz verboten:

- In Somalia ist Weihnachten verboten, weil das Fest eine Gefahr für den muslimischen Glauben des Landes darstellt.
- In Tadschikistan sind Weihnachtsbäume und Bescherungen in Schulen per Erlass verboten.
- In Brunei ist Weihnachten verboten, weil das Fest den nationalen muslimischen Glauben gefährde. Bei Missachtung drohen Strafen von bis zu 20 000 Dollar und fünf Jahre Gefängnis.

Höher, schneller, weiter – die Weihnachtsrekorde

Von wegen Besinnlichkeit! Auch an Weihnachten kann es zu skurrilen Rekorden kommen. Oder besser: Manchen ist Weihnachten einfach zu wichtig, als dass sie ohne Höchstleistungen auskommen.

Der größte Weihnachtsbaum der Welt hätte beinahe in Tasmanien gestanden. Die tasmanische Wilderness Society hatte einen 80 Meter hohen Baum mit 3000 Lichtern geschmückt. Allerdings erkannte das Guinnessbuch der Rekorde den Baum nicht an: Es handelte sich nämlich um einen Eukalyptusbaum, der dem Guinness-Komitee zufolge nicht als traditioneller Weihnachtsbaum gelten würde.

1950: Der größte Weihnachtsbaum, der je an einem Ort aufgestellt wurde, war eine 67,36 Meter hohe Tanne, die im Northgate Shopping Center von Seattle festlich geschmückt zu sehen war.

Der größte im Freiland stehende Weihnachtsbaum steht ebenfalls in den USA, und zwar im Sequoia-Nationalpark. Er ist 81 Meter hoch und gehört zu den größten Pflanzen überhaupt.

Der größte künstliche Weihnachtsbaum hingegen stand in Brasilien und war 52 Meter groß.

Der teuerste Weihnachtsbaum stand in Abu Dhabi in den Vereinigten Arabischen Emiraten. Die teuerste Christbaumdekoration der Welt hatte einen Wert von 11 026 900 US-Dollar und schmückte vom 16. bis 29. Dezember 2010 eine Tanne im Emirates Palace.

Sagenhafte 194 672 gleichzeitig an einem Weihnachtsbaum brennende Kerzen gab es 2010 im belgischen Malmedy. Dieser Rekord hat es auch ins Guinnessbuch der Rekorde geschafft.

Die größte Weihnachtspyramide ist 26,50 Meter hoch und verfügt über sieben Stockwerke. Erstmalig der Öffentlichkeit präsentiert wurde sie 2015 auf dem Weihnachtsmarkt »Dresdner Winterlichter«, sie be-

kam auch einen Eintrag ins Guinnessbuch der Rekorde. (Die bekannteste Weihnachtspyramide steht aber auf dem Dresdner Striezelmarkt und ist »nur« 14 Meter hoch).

Der größte Weihnachtsladen ist das Bronner's Christmas Wonderland in Frankenmuth in Michigan, USA. Hier kann man 500 000 verschiedene Weihnachtsartikel shoppen.

In Deutschland gibt es auch ein bekanntes Weihnachtsfachgeschäft, dass Käthe Wohlfahrt in Rothenburg ob der Tauber. Hier herrscht das ganze Jahr Weihnachtsstimmung.

Der längste Christstollen wurde nicht in Dresden gebacken. Aktueller Rekordhalter ist der 2010 im niederländischen Haarlemer Bahnhof präsentierte Stollen, der 72,10 Meter lang war. Besserwisser-Fakt: Der Stollen wurde von Lidl hergestellt.

Der größte Weihnachtsstern stammt aus Indien. Er brachte es auf eine Größe von 31,59 Meter und auf ein Gewicht von 4200 Kilogramm.

Die größte Weihnachtsbeleuchtung unter einem Dach bestand aus 449 658 Lichtern und war 2010 in einem Bukarester Einkaufszentrum, dem Sun Plaza Shopping Center, zu bewundern.

———————

Die größte Engelsschar konnte man am 13. Dezember 2009 im bayrischen Hauzenberg antreffen. Hier war zum Guinness-Rekord eingeladen worden und 1039 Engel erschienen.

———————

Der größte Schokoladenweihnachtsmann war 5 Meter hoch. Aufgestellt wurde dieser Rekord am 5. Dezember 2011 vom Einkaufszentrum Mirabello in Italien.

———————

Das größte Treffen von Weihnachtselfen fand 2014 in Bangkok statt. 1762 Teilnehmer verkleideten sich mit spitzen Ohren und grün-roten Klamotten und brachen gemeinsam den Rekord für die größte Ansammlung von Weihnachtselfen.

———————

Das größte Lebkuchenhaus der Welt wurde 2013 in Texas errichtet. Das komplett essbare Haus bietet mit einem Volumen von 1110,10 Quadratmeter einer fünfköpfigen Familie Platz.

Die größte animierte Weihnachtsdekoration erstrahlte am Times Square am 5. Dezember 2011, als die Toshiba Corporation und die TDK Corporation auf ihrem Werbebanner einen gigantischen Weihnachtsbaum schalteten. Mit der 39,66 Meter hohen Animation stellten die japanischen Unternehmen den Weltrekord für die größte, animierte Weihnachtsdekoration auf.

Der längste Wunschzettel der Welt umfasst 121138 Wünsche und wurde 2014 vom amerikanischen Kaufhaus Macy's zusammengestellt. Der lange Wunschzettel kam im Rahmen einer Kampagne zusammen. Das Kaufhaus rief seine Kunden dazu auf, ihre Weihnachtswünsche einzusenden. Für jeden eingeschickten Brief spendete Macy's 1 Dollar an die Make-A-Wish-Stiftung, die schwerstkranken Kindern ihre großen Wünsche erfüllt.

Die größte Weihnachtsmannfigur ist 20 Meter hoch, 7 Meter breit und 4 Meter tief. Sie wurde am 7. November 2013 im brasilianischen São Paulo vor dem Shopping Center Norte aufgestellt.

Mit 1254 lebenden Personen war das Krippenspiel in Calne in Wiltshire (Großbritannien) das größte je aufgeführte Krippenspiel. Die ganze Stadt musste 2016 mitmachen.

Das größte Weihnachtsmanntreffen fand am 27. Dezember 2014 statt. Insgesamt 18 122 Weihnachtsmänner trafen sich in Indien.

Am 11. Dezember 2011 holte der Weihnachtsmann persönlich bei Kindern in Riga (Lettland) Wunschzettel im Einkaufszentrum Galerija Azur ab. Es waren 1555 Briefe.

Die größte Glühbirnenausstellung in einem Gebäude gab es 2016 in den Universal Studios in Singapur. Dort wurden im Advent 824 961 bunte Glühbirnen zum Leuchten gebracht.

Der größte menschliche Weihnachtsbaum fand liegend statt. Am 19. Dezember 2015 formten in Chengannur (Indien) 4030 Menschen mit ihren Körpern gemeinsam einen riesigen Weihnachtsbaum.

Die teuersten Weihnachts= geschenke der Celebrities

Kleine Präsente erhalten die Freundschaft. Wie muss das erst bei großen sein? Denn wir wissen alle: Dieses »Nein, wir schenken uns dieses Jahr nichts!« funktioniert meistens gar nicht. Was also wurde den Stars und Sternchen zu Weih= nachten geschenkt? Wer noch eine »kleine« Inspiration für besondere Weihnachtsgeschenke braucht – hier kommen Sie. Und wer sich weiter für die teuersten Geschenke der Welt in= teressiert, der kann zu *Robb Report* rüberhüpfen, einem Ma= gazin, das sich selbst als »Ultimate Gift Guide« bezeichnet.

Die Jenner-Mädels Kendall und Kylie fanden an einem Weihnachts-morgen unter ihrem Baum für jede eine Céline-Tasche, neue Schuhe von Christian Louboutin und Balenciaga-Stiefel. Einen Gesamtwert von ca. 10 000 US-Dollar hatten diese »kleinen« Geschenke.

––––––––––––––––

Katie Holmes kaufte ihrer Tochter Suri (der gemeinsamen Tochter mit Tom Cruise) zu Weihnachten einmal ein »Spielhäuschen« im Wert von ca. 24 000 US-Dollar.

––––––––––––––––

Kanye West schenkte seiner Frau Kim Kardashian eine Birkin Bag von Hermès zu Weihnachten und dazu eine Zeichnung des Künstlers George Condo. Wie viel dieser Spaß den Rapper kostete? Geschätzte 40 000 US-Dollar. Aber er musste sich auch schon früh Gedanken machen. Wer zumindest in Deutschland eine Birkin oder eine Kelly Bag kaufen will, muss in eine der zwölf Hermès-Boutiquen gehen, denn der Luxusgüterkonzern verkauft die beiden Kulttaschen nicht im Internet. Im Schnitt dauert es sechs Monate bis zwei Jahre, bis man seine Wunschtasche dann bekommt.

———————————

Paris Hilton beschenkte sich selbst zu Weihnachten: mit einem 285 000 US-Dollar teuren Bentley Continental GT in Pink – natürlich diamantenbesetzt.

———————————

Dwayne Wayde schenkte seiner Verlobten Gabrielle Union einen Verlobungsring zu Weihnachten. 8,5 Karat. Wert: knapp 1 Million US-Dollar.

———————————

Mike Tyson kaufte seiner Ex-Frau, der Schauspielerin Robin Givens, eine Badewanne für die kalte Jahreszeit. Wert: 2 Millionen US-Dollar.

———————————

Eine komplette Stadt als gewaltiges Weihnachtsgeschenk? US-Präsident Abraham Lincoln strahlte vermutlich vor Freude, als General William Tecumseh Sherman am 25. Dezember 1864 telegrafierte: Die Stadt Savannah in Georgia gehöre jetzt ihm. Kosten unbekannt.

Noch ein paar Inspirationen für Geschenke gefällig?

Eine Giraffe zum Streicheln beim Frühstück oder zum Abendessen bekommt man in einem Luxushotel in Kenia. Dort gibt es zum Essen auf der Terrasse quasi eine Giraffe aus dem Gehege nebenan dazu. Der Preis dafür wird nur auf Anfrage verraten. Katzencafés sind was für blutige Anfänger!

Mit dem Heißluftballon über den Himalaya? Wer mehr Abenteuer sucht, für den ist vielleicht ein Trip mit dem Heißluftballon über den Mount Everest das Richtige. Kostenpunkt: schlappe 4,5 Millionen Euro. Dafür ist aber auch das Training dabei. Dieses dauert ein paar Wochen – immerhin geht es erstmal darum, sich an die Höhe zu gewöhnen.

Deutlich günstiger sind dagegen mit Diamanten besetzte Klobrillen. Die sind schon für etwa 94 000 Euro zu haben.

Oder darf es doch eine Insel im Mittelmeer sein? Die italienische Insel Santa Maria im Mittelmeer ist noch zu haben. Sie liegt bei Sizilien zwischen Trapani und Marsala. Sie ist 11,5 Hektar groß und auf ihr steht eine Kapelle aus dem 16. Jahrhundert. Außerdem gibt es einen Olivenhain – 2016 wurden 1500 Liter Olivenöl produziert. Die Kosten für die Insel: 17 Millionen Euro.

Vielleicht wird ein neues Smartphone gewünscht? Das Handy des russischen Luxuslabels Caviar zeigt Maria und Josef sowie das Jesuskind im Stall. Ein Diamant leuchtet als Stern von Bethlehem über der heiligen Szenerie. Für diese Ausführung in 18-karätigem Gold sind rund 130 000 Euro fällig.

Und falls Ihnen all diese Stücke doch nicht so zusagen und Sie ansonsten keine Ideen haben, können Sie immer noch beim Vertragshändler um die Ecke einen Range Rover Vogue P400 oder einen McLaren GT bestellen. Für 198 000 Euro.

Oder gehören Sie zu denjenigen, die eigentlich wunschlos glücklich sind und »lediglich« weiße Weihnachten auf den Wunschzettel schreiben? Dann sind Sie mit »lediglich« 1,7 Millionen Euro dabei. So viel kostet eine Schneemaschine, die für den Garten tonnenweise unechten Schnee produziert – oder wahlweise für den gesamten Straßenzug.

Weihnachten for Future: Nachhaltigkeitsfakten

Der Duden hat eine Definition von Nachhaltigkeit: »Substantiv, feminin – längere Zeit anhaltende Wirkung.« Das Bundesministerium für Umwelt, Naturschutz und nukleare Sicherheit sagt da etwas mehr dazu: »Unter Nachhaltigkeit verstehen wir eine Entwicklung, die ökologisch verträglich, sozial gerecht und wirtschaftlich leistungsfähig ist.« Wir haben nur die eine Erde und damit auch nur begrenzte Umweltressourcen. Wollen wir also unsere Lebensgrundlage erhalten, müssen wir unser Handeln entsprechend anpassen. Nachhaltigkeit heißt deshalb konkret: Wir dürfen hier und heute nicht auf Kosten der Menschen in anderen Regionen der Erde und auf Kosten zukünftiger Generationen leben. Und geht das auch an Weihnachten?

Wenn wir davon ausgehen, dass jeder von uns 100 Gramm Geschenkpapier im Jahr verwendet, dann ergibt das 8300 Tonnen Geschenkpapiermüll (83 Millionen Menschen × 100 Gramm : 1 000 000 (Tonne) = 8300 Tonnen).

Interessanter Nachhaltigkeitsfakt zum Thema Weihnachtsbaum: Sich jedes Jahr einen neuen Weihnachtsbaum zu kaufen, hat eine bessere Ökobilanz als eine künstliche Tanne. Der künstliche Baum würde sich gegenüber dem echten Christbaum erst nach 20 Jahren ökologisch lohnen. Der Energieeinsatz bei der Produktion, dem Transport und der Entsorgung haben eine wesentlich schlechtere Ökobilanz und der Baum endet irgendwann als Plastikmüll. Abgesehen davon werden vier von fünf Plastiktannen aus Fernost importiert.

———

Noch mehr Fakten zum »echten« Weihnachtsbaum: 1 Hektar voll mit Weihnachtsbäumen bindet in zehn Jahren etwa 145 Tonnen Kohlendioxid, ca. 300 Tonnen Staubpartikel und sorgt für um die 100 Tonnen Sauerstoff.

———

Laut dem WDR-Wissensmagazin *Quarks* entstehen durch einen natürlichen Baum etwa 3,1 Kilogramm Kohlendioxid, während bei einer künstlichen Tanne 48,3 Kilogramm Kohlendioxid zusammenkommen.

———

2019 haben in deutschen Privathaushalten rund 17 Milliarden Lämpchen drinnen und draußen für festliche Stimmung gesorgt – und damit ungefähr eine Milliarde mehr als im Vorjahr. Die Beleuchtung auf öf-

fentlichen Flächen und Weihnachtsmärkten wurde hier also nicht mit-gerechnet. Das bedeutet, dass die weihnachtliche Heimbeleuchtung rund 510 Millionen Kilowattstunden Strom verbraucht hat. Kosten-punkt: etwa 150 Millionen Euro. Mit derselben Menge Energie könnten ungefähr 170 000 Haushalte mit Strom versorgt werden – ein ganzes Jahr lang.

Unter den Top-Stromverbrauchern ist auch die Lichterkette zu finden. Ein Grund dafür: Viele setzen noch auf die klassischen Glühlämpchen-Modelle ohne LED, weil diese ihrer Ansicht nach ein wohligeres Licht verströmen. Doch drei solcher Exemplare verbrauchen in den fünf Wo-chen rund um Weihnachten so viel wie der Kühlschrank im ganzen Jahr.

Dennoch: Nur etwa 10 Prozent des Weihnachtsstroms gehen für Weih-nachtsbeleuchtung drauf, vermuten manche Experten. Mehr Strom ver-brauchen Musikanlagen, Spielekonsolen und Fernseher. Diese sind bei vielen Familien zu Weihnachten im Dauereinsatz. Der größte Stromfres-ser im weihnachtlichen Haushalt ist der elektrische Ofen.

Das Plätzchenbacken verteilt sich stromtechnisch gesehen über die Adventszeit ganz gut. So sprechen Stromanbieter aber von der

»Gänsebraten-Spitze« am 25. Dezember. 25 Prozent mehr als an normalen Wintertagen wird hier verbraucht und damit rund 480 Millionen Kilowattstunden laut des Bundesverbands der Energie- und Wasserwirtschaft.

Bei den Briten kommt nicht der Gänsebraten, sondern ein Truthahn ins Rohr. Und danach folgt noch der Christmas Pudding, der ganze drei Stunden im Ofen gart. Für das Weihnachtsmenü »verbraten« die Briten 1,5-mal so viel Strom wie sonst an einem ganzen Tag.

In den Niederlanden sieht es etwas anders aus. Die großen Festlichkeiten zu Ehren von Sinterklaas, uns bekannt als Sankt Nikolaus, finden vom 5. auf den 6. Dezember statt. Hier kommt nicht Braten auf den Tisch, sondern Fondue und Gourmetten (niederländische Variante des Raclette). Das Problem ist aber, dass elektrisch betriebene Fondue- und Raclette-Platten mit rund 1500 Watt zwar nur halb so viel Nennleistung wie ein Ofen haben, aber ständig nachheizen müssen.

Trotzdem muss aber auch gesagt werden, dass der Energieverbrauch zu Weihnachten insgesamt unterdurchschnittlich ist. Denn Fabriken ste-

hen still und in Büros ist auch nichts los, das heißt: kein Licht und die Heizung ist runtergedreht.

———————

Über Weihnachten ist der Anteil allein reisender Pauschalurlauber um 80 Prozent höher als im übrigen Jahr.

———————

Es gibt in Deutschland bereits »nachhaltige« Weihnachtsmärkte, die nicht nur vegan und fair, sondern auch ohne Plastik auskommen. Zum Beispiel »The Green Market« in Berlin. Auch der Ökologische Weihnachtsmarkt in Hamburg und der Weihnachtsmarkt am Kölner Dom bemühen sich, nachhaltig ausgerichtet zu sein. 2010 war Letzterer der erste Weihnachtsmarkt, dessen Angebot an Speisen und Getränken zum größten Teil bio-zertifiziert war.

Weihnachtsspiele

Um die Weihnachtszeit haben sich verschiedene Spiele etabliert. Hier ein paar Anregungen, mit denen Sie jedes noch so langweilige Weihnachtsfamilienfest aufpeppen können.

Wichteln in drei Varianten. Wichteln funktioniert grundsätzlich folgendermaßen: Alle, die zur Weihnachtsfeier kommen, müssen im Vorfeld wissen, dass gewichtelt wird, und kaufen ein kleines Geschenk, das blickdicht verpackt und mitgebracht wird. Diese Geschenke werden gesammelt, dann zieht jeder irgendwann als Weihnachtsfeier-Highlight ein Geschenk aus dem Sack und packt es aus. Die Varianten:

Namen wichteln: Alle Namen, die beim Wichteln teilnehmen, kommen jeweils auf einen Zettel. Jeder Teilnehmer muss im Vorfeld einen Namen ziehen und diesen für sich behalten. Für diese Person organisiert man dann ein Geschenk. Nicht vergessen, den Namen draufzuschreiben.

Motto wichteln: Ein Motto gibt die Art der Geschenke vor, die gewichtelt werden. Bei dieser Wichtelvariante ist es besonders wichtig, einen bestimmten Betrag auszumachen, den die Geschenke maximal kosten dürfen. Sonst kann es beim Motto »Grüne Weihnacht« – es werden nur grüne Sachen gewichtelt – passieren, dass mickrige grüne Socken gegen wunderschöne mundgeblasene grüne Weingläser schlecht abschneiden.

Schrott wichteln: Schrott – der Name ist Programm! Beim Schrottwichteln verpackt jeder etwas absolut Kitschiges und Überflüssiges, vom Dachboden, aus dem Keller oder der Küche. Wichtig ist, dass das Geschenk nutzlos, ungeliebt oder kurios – aber trotzdem voll funktionsfähig und in gutem Zustand ist. Je origineller, abstruser und kreativer, desto besser – der Wert ist hier vollkommen egal. Jeder Teilnehmer verpackt seinen Schrott in Zeitungspapier. Auf der Weihnachtsfeier werden alle Wichtelgeschenke auf einen Tisch gelegt. Jetzt wird reihum gewürfelt. Bei jeder 6 darf sich einer ein Paket aussuchen und scheidet dann aus.

Weihnachtslieder erraten. Dieses Spiel kann man mit einzelnen Teilnehmern oder in Teams spielen. Ein Mitspieler spielt verschiedene Weihnachtslieder zwischen fünf und zehn Sekunden an einer beliebigen Stelle des Liedes an. Es gewinnen die Teilnehmer, die die meisten Lieder erraten.

Ich packe meinen Koffer in der Weihnachtsvariante – mit oder ohne Alkohol. Der erste Spieler beginnt mit dem Satzanfang: »Ich schreibe meinen Weihnachtszettel und darauf steht: Christbaum.« Nun kommt der nächste Spieler an die Reihe und wiederholt: »Ich schreibe meinen Weihnachtszettel und darauf steht: Christbaum und ...« und ergänzt einen weiteren Begriff, der zu Weihnachten passt, z. B. ein Rudolf-das-

rotnasige-Rentier-Kuscheltier. Jeder Spieler wiederholt also alle Begriffe, die auf dem Weihnachtszettel stehen und ergänzt einen neuen. Nacheinander scheiden alle Spieler aus, die sich nicht an alle Begriffe erinnern oder falsche Begriffe nennen. Sieger ist derjenige, der sich zuletzt an alles noch erinnert.

Variante als Trinkspiel: Jeder ausscheidende Spieler, muss ein Schnapsglas mit Alkohol trinken. Alle Begriffe, die nicht zu Weihnachten passen, verdienen einen extra Schluck Alkohol.

Und dann gibt es da noch Sissi-Saufen. Die ganze Familie, Freunde oder Weihnachtsgäste gucken hintereinander alle drei *Sissi*-Filme. Immer wenn das Wort »Majestät« fällt, stehen alle auf, rufen »Lang lebe die Kaiserin« und trinken einen Schnaps. Gewonnen hat, wer als Letzter umfällt.

Weihnachts=Bullshit=Bingo

Falls es am Heiligen Abend doch zu langweilig wird oder man sich einen Spaß machen möchte, kommt hier die Lösung: das Weihnachts=Bullshit=Bingo. Bullshit=Bingo wird wie normales Bingo gespielt, aber als Wörter/Zahlen sind nur Sätze oder Begriffe erlaubt, von denen man glaubt, dass sie in naheliegender Zukunft ausgesprochen werden. Bei Nennung eines Satzes wird dieser ausgestrichen. Wenn Sie alle Sätze streichen konnten, springen Sie auf und rufen ganz laut: »BULLSHIT!« Der Abend wäre damit dann auch beendet.

Das kann man immer gebrauchen. Vielen Dank!	Schon wieder keine weißen Weihnachten …	Hast du schon alle Geschenke?	Das wäre wirklich nicht nötig gewesen!	Wir schenken uns dieses Jahr nichts!
Andere Kinder bekommen gar nichts zu Weihnachten!	Bin noch gar nicht in Weihnachtsstimmung …	Wie sagt man da?	Steht der Baum schief?	Der Weihnachtsmann / das Christkind sieht alles!
Mach nur so weiter, dann nimmt das Christkind / der Weihnachtsmann die Geschenke wieder mit!	Fangt an, bevor es kalt wird!	Da schlagen Kinderherzen höher!	Magst du uns nicht etwas auf der Flöte vorspielen?	Kaum zu glauben, aber schon wieder ein Jahr rum!

| Wer soll das alles nur essen? | Erst essen und dann Bescherung? Oder andersherum? | Nach Weihnachten ess ich erst einmal gar nichts mehr. | Gleich kommt *Sissi*. | Wir kommen noch zu spät in die Kirche. |
| Foto – stellt euch mal vor den Baum! | Wollt ihr etwa schon nach Hause? | Jetzt wird erst mal gesungen! | Du bekommst noch viereckige Augen! | Da wächst du schon noch rein. |

Frohe Weihnachten in 58 verschiedenen Sprachen

Damit Sie auch im Ausland stilecht glänzen können und zu‑mindest »Frohe Weihnachten« wünschen können, kommen hier die Übersetzungen:

Afrikaans: Geseënde Kersfees

Albanisch: Gëzuar Krishtlindjet

Arabisch: عيد ميلاد مجيد – Ied Mellad Majeed

Aramäisch: Etho Bricho

Armenisch: Shenoraavor Nor Dari yev Pari Gaghand

Bulgarisch: Честита Коледа – Tchestita Koleda; Tchestito Rojdestvo Hristovo

Chinesisch (Kantonesisch): Gun Tso Sun Tan'Gung Haw Sun

Chinesisch (Mandarin): 聖誕快樂新年快樂 – Kung His Hsin Nien bing Chu Shen Tan

Dänisch: Glædelig Jul

Englisch: Merry Christmas

Eskimo (inupik): Jutdlime pivdluarit ukiortame pivdluaritlo

Esperanto: Gajan Kristnaskon

Faeroese: Gledhilig jol

Finnisch: Hyvää Joulua

Französisch: Joyeux Noël

Friesisch: Noflike Krystdagen

Gälisch: Nollaig chridheil

Galizisch: Bo Nada

Georgisch: shobas gilots'avt'

Griechisch: Καλά Χριστούγεννα – Kalá Christoúgenna

Grönländisch: Juullimi Pilluarit

Hawaiianisch: Mele Kalikimaka

Hebräisch: שמח מולד חג – Mo'adim Lesimkha

Hindi: Shub Naya Baras

Holländisch: Vrolijk Kerstfeest; Zalig Kerstfeast

Indonesisch: Selamat Hari Natal

Irisch: Nollaig Shona

Isländisch: Gleðileg Jól

Italienisch: Buon Natale

Japanisch: メリークリスマス – Merii Kurisumasu

Kantonesisch: 聖誕節同新年快樂 – Gun Tso Sun Tan'Gung Haw Sun

Katalanisch: Bon Nadal

Klingonisch: QISmaS botlvjaj 'ej DIS chu' botlvjaj

Koreanisch: 크리스마스를 축하합니다 – keuriseimaseureul chukahamni-
da

Korsisch: Pace e salute

Kroatisch: Sretan Božić

Lettisch: Prieci'gus Ziemsve'tkus

Litauisch: Linksmy Šv. Kalédy

Maltesisch: LL Milied Lt-tajjeb

Niederländisch: Zalig Kerstfeest

Norwegisch: God Jul; Gledelig Jul

Papua-neuguineisch: Bikpela hamamas blong dispela Krismas

Pennsylvanisches Deutsch: En frehlicher Grischtdaag

Philippinisch: Maligayan Pasko!

Polnisch: Wesołych Świąt Bożego Narodzenia

Portugiesisch: Feliz Natal

Portugiesisch (Brasilien): Boas Festas

Rumänisch: Crăciun fericit

Russisch: Счастливого Рождества – Pozdravlaju rozhdestvom

Schwedisch: God Jul

Serbisch: Hristos se rodi

Slowakisch: Sretan Bozic; Vesele vianoce

Spanisch: Feliz Navidad

Tschechisch: Veselé Vánoce!

Türkisch: Noeliniz kutlu olsun

Ukrainisch: Srozhdestvom Kristovym

Ungarisch: Boldog Karácsonyt

Vietnamesisch: Chúc mửng Nô-en